T0244001

LA SABIDURÍA DEL DOCTOR DAVID R. HAWKINS

ENSEÑANZAS CLÁSICAS SOBRE LA VERDAD ESPIRITUAL Y LA ILUMINACIÓN

EL GRANO Ð MOSTAZA

Título: La sabiduría del doctor David R. Hawkins
Subtítulo: Enseñanzas clásicas sobre la verdad espiritual y la iluminación
Autor: David R. Hawkins

Publicado originalmente en 2022 por Hay House Inc., con el título:
THE WISDOM OF DR. DAVID R. HAWKINS
Copyright © 2022 a cargo de The David and Susan Hawkins Revocable Trust

Primera edición en España, septiembre de 2022
© para la edición en España, El Grano de Mostaza Ediciones

Impreso en España
ISBN PAPEL: 978-84-125139-8-1
ISBN EBOOK: 978-84-125139-9-8
DL: B 14101-2022.

El Grano de Mostaza Ediciones, S.L.
Carrer de Balmes 394, principal primera
08022 Barcelona, Spain
www.elgranodemostaza.com

«Cualquier forma de reproducción, distribución, comunicación pública o transformación de esta obra solo puede ser realizada con la autorización de sus titulares, salvo excepción prevista por la ley. Diríjase a CEDRO (Centro Español de Derechos Reprográficos) si necesita fotocopiar o escanear algún fragmento de esta obra (‹www.conlicencia.com›; 91 702 19 70/93 272 04 45)».

LA SABIDURÍA DEL DOCTOR DAVID R. HAWKINS

ENSEÑANZAS CLÁSICAS SOBRE LA VERDAD ESPIRITUAL Y LA ILUMINACIÓN

David R. Hawkins

Índice

Prólogo

David R. Hawkins, licenciado en medicina y doctor en filosofía, y llamado afectuosamente "Doc" por sus estudiantes espirituales, murió pacíficamente en su hogar en Sedona, Arizona, el 19 de septiembre de 2012, a la edad de 85 años. Hasta su último aliento dio todo lo que tenía para ayudar a otros. Dejó tras de sí un legado que incluye 15 libros y cientos de horas de programas audiovisuales.

Aquellos de nosotros que tuvimos la inmensa fortuna de escuchar al doctor Hawkins en persona nunca le olvidaremos. Personas de todas las profesiones y procedencias, incluso de países lejanos, asistían a sus seminarios mensuales, que siempre tenían las entradas agotadas. Escuchábamos el material que presentaba, pero experimentábamos algo más profundo que sus palabras. La información nos llegaba a través de una ola portadora de Amor, silenciosa y omnipenetrante. Históricamente, a esta transmisión no verbal se la ha denominado la "Gracia del Maestro". En sus enseñanzas orales transmitía amablemente profundas verdades que despertaban el Ser interno de quien las oía.

Sus escritos también tienen un efecto transformador. Wayne Dyer, un conocido autor de libros de autoayuda y espiritualidad, dijo del libro *El poder frente a la fuerza* del doctor Hawkins: "Tal vez sea el libro más importante y significativo que he leído en los últimos diez años". Y después de leer el mismo libro, la Madre Teresa de Calcuta le escribió: "Continúa usando al máximo tu precioso don de la escritura". Poco antes de su prematura muerte, el legendario músico Nipsey Hussle dijo a un entrevistador: "El libro más poderoso que he leído en los últimos diez años se llama *El poder frente a la fuerza*".

El poder frente a la fuerza, el primer libro espiritual del doctor Hawkins, ha vendido más de un millón de copias y ha sido traducido a más de 25 idiomas. Él quiso publicarlo anónimamente, porque decía que había venido "a través de él" en lugar de ser "suyo". Con respecto a su relevancia, observó: "El karma de la humanidad cambió con la escritura de este libro".

Después le siguieron *El ojo del yo: del que nada está oculto* y *Yo, realidad y subjetividad.* Estos tres libros, dijo que eran la "trilogía" fundacional de sus enseñanzas. A partir de ahí, escribió muchos más libros para aplicar sus enseñanzas a todas las áreas de la vida, desde la curación física hasta la superación de la adicción, el éxito y la felicidad. En 2019 se publicó *El mapa de la conciencia explicado*, un texto elemental sobre su trabajo que tiene como objetivo iluminar las múltiples facetas de su descubrimiento clave, el Mapa de la conciencia®.

Sorprendentemente, el doctor Hawkins no comenzó sus escritos espirituales hasta la edad de 65 años. Esto nos anima a nosotros, los lectores, a confiar en su enseñanza de que nuestras vidas contienen potenciales ocultos esperando su manifestación cuando llegue el momento adecuado. De hecho, el libro que tienes entre manos puede ser el catalizador que necesitas para plasmar un potencial que llevas dentro. Esta es su explicación:

> Este es el valor de la presencia de un Profesor cuyo campo de energía actúa como un catalizador. El campo de alta energía del Ser ya está presente en el estudiante. No tiene que ser adquirido, sino solo activado, lo cual es una consecuencia del potencial kármico positivo.
> —*El descubrimiento de la Presencia de Dios: No dualidad devocional*, Capítulo 7.

El libro que tienes en tus manos constituye un recurso único y maravilloso para presentar las enseñanzas del doctor Hawkins. Surge de la adaptación de uno de sus clásicos programas de audio y ofrece al lector el ambiente de su transmisión oral. Puedes imaginar que estás sentado allí, entre el público, escuchando y observando, riéndote y recibiendo.

Su esposa, Susan Hawkins, que siempre estaba en el escenario con él, y que era su compañera, co-investigadora y "brazo derecho", ofrece este relato de sus conferencias:

> Cuando estaba en el escenario con él, veía que decía las cosas de una manera poderosa, y de repente los rostros de

las personas se iluminaban: ¡Lo habían entendido! Era tan gratificante ver esa respuesta y saber que la vida de alguien había cambiado. David no se ocupaba tanto de sí mismo: solo le importaba el mensaje y el impacto que tenía en los demás. Su sentido del humor era contagioso; cuando él se echaba a reír, era imposible no seguirle. No le importaban las apariencias ni recibir la aprobación de los demás, porque él sabía quién era, lo que era.

—*El mapa de la conciencia explicado: una escala de energía probada para realizar tu potencial último.*

A medida que leas este libro, tal vez te des cuenta de por qué alguien describió que su estilo como orador era una mezcla de Einstein, Buda y Mister Magoo. Él era un ser liberado: libre, espontáneo, compasivo, divertido y totalmente disponible. Su disposición abierta daba la bienvenida a todos y a todo. Al estar en su presencia, sabías que él veía dentro de ti, que iba más allá de tu fachada, y te amaba exactamente como eras. Él se dirigía al Ser dentro de ti.

Aunque aparecía bajo la forma de un hombre, en cierto sentido estaba más allá de lo masculino y lo femenino, de lo humano y lo no humano. Captaba la Luz Divina en todas las cosas; reconocía la sacralidad incluso en un pequeño escarabajo o en una mofeta. Él *era* el "Ojo del yo" del que nada está oculto. No existía nada que no estuviera incluido en su Amor.

Habitaba el rarificado reino de lo que el mundo denomina "iluminación", y sin embargo se dedicaba a ayudar a otros a superar los dolorosos obstáculos de la vida diaria. Se esforzaba por ayudar y por ser normal. A medida que leas este libro, encontrarás enseñanzas muy avanzadas expresadas de la manera más simple posible. La pureza del mensaje se debe a la renuncia total de la ganancia personal. No había planes de *marketing* para ganar dinero. No había túnicas ni rituales, emociones santas ni conjuros especiales. No había teatralidad ni se hacían milagros sobre el escenario. El verdadero maestro, decía, no tiene interés en ropajes especiales, actuaciones dramáticas, nombres o títulos, porque en realidad no queda una "persona" a la que le podrían importar esas cosas.

Como aprenderás en este libro, el elemento más característico de la investigación del doctor Hawkins es su pionero Mapa de la conciencia, reconocido internacionalmente. En él incorpora descubrimientos de la física cuántica y de las dinámicas no lineales, confirmando así las etapas clásicas de la evolución espiritual que se encuentran en la literatura sagrada del mundo como verdaderos campos atractores. A lo largo del tiempo, los santos, sabios y místicos han delineado estos niveles espirituales, pero nunca había habido un marco científico con el que entender el terreno interno.

A nivel clínico, el Mapa de la conciencia es sofisticado en sus descripciones del tono emocional de cada nivel, así como en su visión de Dios y de la vida. Por ejemplo, el miedo ve a un Dios punitivo, mientras que el amor contempla a un Dios amoroso. A partir de aquí, el Mapa ilumina aspectos desconocidos de la conciencia. Con cada elevación progresiva del nivel de la conciencia, también aumenta la frecuencia o vibración de la energía. Así, la conciencia superior irradia un efecto benéfico y sanador sobre el mundo, verificable en la respuesta muscular humana, que se mantiene fuerte en presencia del Amor y la Verdad. En cambio, los campos de energía negativos, que calibran por debajo del nivel de la integridad, inducen una respuesta muscular débil. Este asombroso descubrimiento de la diferencia entre el poder y la fuerza ha influido en numerosos campos de la actividad humana, como los negocios, la publicidad, la educación, la psicología, la medicina, el derecho y las relaciones internacionales.

Susan Hawkins explica:

> Casi cada día oigo decir a alguien que el Mapa de la conciencia de David le ha cambiado la vida. Algunas personas se han liberado de la heroína, del alcoholismo y de otras adicciones desesperantes. Otros se han curado de diversas enfermedades y tensiones emocionales. Cualquiera que sea el problema existencial, el Mapa les ofrece una vía para salir de su sufrimiento.
>
> —*El mapa de la conciencia explicado: una escala de energía probada para realizar tu potencial último.*

A lo largo de este libro llegarás a entender por qué el objetivo espiritual más importante es elevar tu nivel de conciencia. Por ejemplo, el doctor Hawkins explica que los niveles positivos del Mapa están correlacionados con una mayor fortaleza del sistema inmunitario, con niveles más altos de felicidad, con más satisfacción laboral y con una mayor satisfacción en la vida en general.

Y si estos beneficios personales no fueran suficientemente motivadores, también explica que, al elevar nuestro nivel de conciencia, beneficiamos a la totalidad de la vida. Incluso un único acto de perdón o de bondad bendice a todas las personas y cosas. A medida que entregamos nuestro pequeño yo, la energía vital intrínseca del Yo Superior es libre de fluir a través de nosotros. Como dice el doctor Hawkins en este libro: "La valía interna de cada ser humano es infinita. Su potencial es infinito".

Por lo tanto, los lectores de este libro pueden rezar para plasmar ese potencial interno innato que es *infinito*. Como a Doc le gustaba decir: "Recto y estrecho es el camino. ¡No pierdas tiempo!".

—Fran Grace, doctora en filosofía.

Introducción

Hace casi 10 años que el doctor David R. Hawkins murió pacíficamente en su hogar de Sedona, Arizona, y su profundo mensaje de verdad espiritual, iluminación y crecimiento sigue vivo hasta este día.

En este libro explorarás las enseñanzas clásicas del doctor Hawkins. Los diez capítulos siguientes abarcan sus temas espirituales más importantes, dando lugar a una experiencia transformadora e inolvidable.

El doctor Hawkins fue un psiquiatra, médico, investigador, maestro espiritual y conferenciante reconocido a nivel nacional, además de fundador y director del Instituto para la Investigación Espiritual y fundador del camino de la no dualidad devocional. Ofreció numerosas conferencias en lugares de gran renombre, como la Abadía de Westminster, el Foro de Oxford, la Universidad Notre Dame, la Universidad de Michigan y la Universidad de Harvard. Además, fue asesor de monasterios católicos, protestantes y budistas.

Deliberó con gobiernos extranjeros sobre diplomacia internacional, y con su ayuda se resolvieron largos conflictos que constituían importantes amenazas para la paz mundial. Participó en películas, y fue entrevistado en múltiples revistas y programas de radio, como en Oprah Radio, y el Instituto de Ciencias Noéticas, por su trabajo en las áreas de la salud, la curación, la recuperación, la espiritualidad en la vida moderna, la meditación y la calibración de la conciencia. Aprenderás más sobre los aspectos específicos del proceso de calibración y el Mapa de la conciencia® en el Capítulo 2 de este libro. En todo caso, el doctor Hawkins hace referencia a los niveles de calibración a lo largo del libro, de modo que puede resultar útil tener a mano el Mapa a medida que vayas leyendo. Puedes encontrarlo en: https://veritaspub.com/map-of-consciousness.

Al final de este libro encontrarás un capítulo transcrito de una de sus conferencias, "Las cualidades más valiosas en un buscador espiritual", en el que delinea las cualidades simples y poderosas que todo buscador espiritual necesita en el camino de la Iluminación. Esta es una de las últimas conferencias ofrecidas por el doctor Hawkins en su recorrido terrenal.

¿Estás preparado? Comencemos.

Capítulo 1

Pasar del ego al servicio

La gran mayoría de profesores de autoayuda animan a las personas a seguir métodos externos, asertivos y orientados al ego para lograr riquezas y felicidad duraderas. Pero, habiendo recorrido él mismo este camino en la primera parte de su vida, el doctor Hawkins sabía que el ego siempre nos lleva a un callejón sin salida.

En esta sección, el doctor Hawkins te animará a pasar del camino del ego a otro más iluminado, gratificante, satisfactorio y orientado al servicio. Tal como explica, el camino que recorrerás comienza con una elección personal.

Todo el mundo es consciente cuando afronta la elección entre el camino superior y el inferior. Esta es una experiencia común. Por ejemplo, podrías obtener una nota mejor copiando en un examen, o podrías sacar una nota *honesta* sin copiar. Tenemos que tomar este tipo de decisiones una y otra vez.

Para mí, el dilema de la existencia humana es que tienes que elegir a *cada segundo*. En cada segundo de cada minuto tu mente está realizando elecciones. Una vez que lo contemplamos, la existencia humana conlleva un desafío fenomenal. Pero, como estamos acostumbrados a él, no nos damos cuenta.

Mientras hablo, mi mente está eligiendo palabras a cada momento: cómo enuncio esa palabra, con qué frases expreso mis mensajes, cómo los contextualizo y amplifico. Estoy decidiendo si explicarme más o si debo limitarme a dejar que la otra persona se ocupe de ello. Así, para cada palabra que elijo probablemente hay cincuenta opciones distintas. De repente, podría ponerme divertido y acabar con la seriedad. Eso ayudaría a algunas personas, pero otras dirían: "Oh, no puedo creer lo que está diciendo, se lo está tomando a la ligera". No ven el valor espiritual del humor.

Así pues, el ser humano está eligiendo a cada instante, cada fracción de instante, entre este pensamiento y ese otro, entre esta y esa opción. "¿Me muevo en la silla?". Ahora mismo he tenido que decidir si me movía en la silla; probablemente hay una docena de opciones conscientes, y probablemente hay otra docena de opciones *inconscientes*, caminos que podríamos tomar. "¿Debería animarlos a seguir por esa dirección o debería desanimarlos?". Siempre estamos tratando de influenciar, y siempre estamos eligiendo. Siento pena por la condición humana, en el sentido de que nunca podemos estar contentos porque, en el minuto en que estás contento, empiezas a preguntarte si *deberías* estar contento.

Los seres humanos apenas descansamos porque nuestras mentes nos presentan constantemente una interminable variedad de opciones. La gente dice que no cree en el karma. Bueno, no tienes que usar esa palabra. Lo que puedes ver es que tu mente está confrontando opciones constantemente, interminablemente, y que toda tu vida va a cambiar en función de la opción que elijas. Es como un mapa gigante, un mapa electrónico, y si eliges esta dirección vas a acabar a miles de kilómetros de donde habrías acabado si hubieras elegido esa otra. De modo que elegir es una de las principales ocupaciones humanas. Sin embargo, nadie lo menciona. La principal ocupación humana, que eclipsa a todas las demás, es elegir constantemente. "¿Debería mirar en esa dirección o no?", "¿debería intentar conseguir este trabajo?", "¿debería decir esto o aquello?", "¿debería ponerme esta ropa?", "¿debería caminar por el otro lado de la acera?", "¿debería llamar a tal persona?", "¿debería dejar esta factura en espera otras dos semanas?".

Lo que ves es una proyección de tu propia conciencia. Tanto si ves que este mundo es triste, como feliz, ridículo, beneficioso, hermoso, divino, frustrante, corrupto, malvado o infinitamente bueno, el mundo es lo que tú proyectas en él. Si el ser humano ha de progresar para realizar la divinidad última, que es el núcleo de su existencia, debe crecer progresivamente dentro de esa dimensión de conciencia. Como dijo Buda, el beneficio kármico de la existencia humana es gratificante en sí mismo. Afortunado es nacer como ser humano, más afortunado es haber oído hablar de la iluminación; y todavía es más afortunado haber nacido, haber oído hablar de la iluminación y salir a buscarla. Y yo podría añadir, lo más afortunado es alcanzarla, porque eso requiere tenacidad. El camino hacia la iluminación te lleva a pasar por un terreno difícil, es como atravesar un pantano.

Afortunado es nacer como ser humano, más afortunado es haber oído hablar de la iluminación; y todavía es más afortunado haber nacido, haber oído hablar de la iluminación y salir a buscarla.

LA DIFERENCIA ENTRE FUERZA Y PODER

La fuerza es lineal. La fuerza está demarcada. Tiene una forma, como una molécula. Es posible que tenga orejas, ojos, pies, cualquier cosa. Tiene una estructura. Por lo tanto, la fuerza es limitada. Lo que tiene forma es, obviamente, limitado. Está limitado por la forma. Lo que es informe es ilimitado. En último término, podemos resolver todos los dilemas que han preocupado a la humanidad con esta simple fórmula.

Sabemos que $E=mc^2$. Esto es una fuerza limitada a una forma. Pero el poder, que es no dual, es infinito. El poder no tiene limitaciones. De hecho, cuanto mayor sea la exigencia que pongas sobre el poder, más se expande y satisface la necesidad. La fuerza, por otra parte, se agota. La fuerza va de aquí a ahí. Extiende su propia energía.

Pero tienes que avivar constantemente la fuerza con más y más energía. Dinero, cuerpos de soldados, cuerpos de creyentes, su oro, sus vidas, su sudor..., tienes que hacer uso de ellos. El imperio romano, que fue el mayor imperio que el mundo haya visto nunca, se agotó después de mil años. De modo que la fuerza es limitada; el poder, por otra parte, es ilimitado.

VERDAD Y SUBJETIVIDAD

Cuando defines lo que es verdad, es imposible definir la verdad sin definir el contexto. Y esta es la razón por la que los grandes filósofos nunca han resuelto los problemas de la epistemología, porque nunca entendieron esta sutileza. Pasas de lo objetivo a lo subjetivo. Lo objetivo te llevará hasta el 499 (en el Mapa de la conciencia), y a partir de ahí entras en lo subjetivo. La presencia de Dios no es algo que uno pueda experimentar a través del pensamiento, sino experiencialmente, es subjetiva.

Lo que la kinesiología, o la calibración de la conciencia, nos muestra es que la conciencia misma reconoce la presencia de la verdad. Al principio, yo pensaba que era la verdad frente a la falsedad. Pensaba que la consciencia distingue entre lo verdadero y lo falso.

En realidad, la conciencia reconoce la presencia de la verdad. Solo conoce la verdad y la no verdad. Conoce lo que es verdadero y no reconoce lo que no es verdadero. ¿Ves cómo esto nos saca de la polaridad? ¿Ves la sutileza de esto? Te saca de la culpabilidad espiritual de la polaridad de opuestos, donde te gusta esto y detestas lo otro, y te sientes culpable porque se supone que eres espiritual y no has de odiar nada.

¿Ves? Hay chocolate y vainilla. Te puede gustar el chocolate sin tener que odiar la vainilla. Puedes simplemente elegir el chocolate. Puedes ser conservador y no odiar a los liberales porque todos ellos son vainilla. Pueden ser liberales vainilla. Y ellos no tienen que odiar a los conservadores porque sean chocolate. Pueden simplemente ser vainilla y decirse a sí mismos: *No sé digerir ese chocolate, pero eso es su problema, ¿sabes?* Uno de los tipos chocolate dice: "La vainilla es para blandengues. Si te gusta la vainilla, te gusta la vainilla. Pero, a nosotros, los hombres, nos gusta el chocolate". Puedes defender tu causa. Puedes decir a otros que nosotros somos los mejores, y tatuártelo, y hacer desfiles y todo eso. Pero no hace falta entrar en el odio.

CALIBRAR EL NIVEL DE CONCIENCIA DE LA HUMANIDAD

El propósito de nuestra exposición es, por supuesto, potenciar la evolución de la conciencia. Y el único propósito de los libros que he escrito, y de las conferencias que he dado, es favorecer la progresión de esa conciencia dentro del individuo que ha elegido alcanzar un nivel de conciencia más alto.

La mayoría de la gente cree que está en el mundo ordinario de la causalidad. Piensan que son el producto de su pasado. Lo cierto es que es el *potencial* de lo que has elegido llegar a ser lo que te está trayendo al presente. De modo que, si estás leyendo este libro, no es porque lo que has sido en el pasado esté empujándote hasta este punto. Al contrario, como has elegido ser eso que está más allá de este punto, eso te está llevando a través de este punto. Se debe a que ya has *elegido* mediante la intención espiritual.

La gente suele preguntar: "¿Qué es el karma?". Bien, el karma solo es la energía automática que sigue a la intención y a la decisión espirituales. Así, cada decisión que tomas afecta a tu nivel calibrado de conciencia, que es otra forma de decir a tu *karma*. Primero empieza como una curiosidad, y lo siguiente que sabes es que te sientes inmediatamente impulsado hacia el crecimiento espiritual y los conceptos espirituales, y al deseo de entenderlos y beneficiarte de ellos. Empiezas a darte cuenta de que, a medida que creces, estás beneficiando al mundo; lo que estás haciendo está afectando al mundo entero. El mundo entero se beneficia de ti. Podemos probar esto a través de la mecánica cuántica, el principio de Heisenberg y el colapso de la función onda, que a continuación empieza a afectar a todo el campo de conciencia. Cada individuo que se compromete con el trabajo espiritual está beneficiando a toda la humanidad. Esta es una consecuencia automática de sus elecciones y decisiones, porque está colapsando el potencial en una realidad, la cual impacta en la conciencia colectiva de la humanidad entera.

Cuando estábamos calibrando niveles de conciencia nos ocurrió algo muy interesante. Preguntamos: ¿Cuál es el nivel de conciencia de la humanidad? Esto nos llevó a un descubrimiento importante. Descubrimos que, a lo largo de las eras, la conciencia de la humanidad ha estado progresando constantemente, aunque lentamente, muy lentamente. En tiempos del nacimiento de Buda, el nivel de conciencia de la humanidad era de 90. En los tiempos del nacimiento de Cristo, el nivel de conciencia de la humanidad era de 100. A continuación, a lo largo de los siglos evolucionó lentamente y entre el siglo XIII y el XVIII se estancó en 190. Permaneció en 190 siglo tras siglo, no se movía. De repente, a finales de los años 80 del siglo XX, aproximadamente en los tiempos de la Convergencia Armónica —no causado por ella, sino en su tiempo—, cuando colapsó el comunismo monolítico y muchas otras cosas, el nivel de conciencia saltó de 190 a 207. Ahora bien, 200 es el nivel de la verdad, de la integridad. Este es probablemente el suceso más significativo de la historia de la humanidad. Sin notarse, la conciencia pasó de 190 a 207. Esto cambió completamente el campo en el que todos vivimos ahora.

Entonces, ¿cómo cambia esto a la humanidad? Bien, en los 190, la destrucción de la humanidad era inevitable. La gran megabomba que iba a destruir a toda la humanidad tenía una probabilidad considerable. Ahora, en 207, hay todo un nuevo paradigma de la realidad. En el mundo donde yo crecí, en los años 30 y a lo largo del siglo XX, el objetivo de la vida era tener éxito. Se suponía que tenías que ganar dinero, tener éxito, ir a la universidad, hacerte un nombre, etcétera.

Ahora, en 207, a la gente no le interesa tu éxito. Es decir, puedes comprar acciones y ser millonario mañana, ¿y qué más da? No, ahora lo que estamos buscando es la integridad. Todas las grandes corporaciones que han caído habían sido criticadas por su falta de integridad. Vemos que los políticos están siendo llamados a realizar su tarea motivados por la integridad. El éxito, el dinero, tener un gran coche y todo lo que se suponía que hacía feliz a la gente en los años 50 ya no es suficiente. Ahora la gente se pregunta: "¿Cómo será la integridad de esta compañía? ¿Cómo será la integridad de este político?". Estamos examinando lo sinceros y verdaderos que son. ¿Cómo pueden respaldar sus declaraciones? La integridad es el nuevo indicador del valor social. Queremos invertir en personas, en políticos y en profesores que hayan demostrado su integridad.

¿Cómo puedes demostrarla? Bien, una manera de hacerlo es calibrar su nivel. Lo que es íntegro tiene un valor. La integridad tiene poder. La falta de integridad puede tener fuerza, fuerza monetaria, durante un momento, pero después colapsa, y por eso no puedes basar tu vida en el éxito. Por lo tanto, el nuevo paradigma de valor es la integridad, y ahora todo el mundo va a ser medido en función de su integridad. "¿En qué medida eres íntegro como profesor?". "¿Cómo de íntegro es el mentor espiritual o la organización?". Y cuando calibras todas estas cosas, ves dónde se ha vendido la integridad.

Hemos calibrado muchas, muchas cosas, y puedes ver que cualquier concesión a la falta de integridad se muestra en la línea divisoria —nivel 200— del Mapa de la conciencia. Como ahora se puede medir el nivel de integridad, y diferenciar la verdad de la falsedad, creo que tendremos una nueva vara con la que medir el crecimiento del ser humano, y este crecerá más rápido que antes. Vimos que durante siglos se quedó en 190, no había movimiento; aunque, desde un punto de vista histórico, se produjeron grandes sucesos —grandes sucesos desde un punto de vista perceptual, no desde un punto de vista espiritual—.

Ahora, el ser humano está en una nueva dimensión, y el nivel 207 es crítico porque solo hace falta una pluma para inclinar la balanza de lo negativo a lo positivo. Cada decisión espiritual que tomamos puede inclinar la balanza hacia el lado positivo, y eso cambia totalmente el destino de nuestra vida. Si estás en medio del mar, puede parecer que un cambio de un grado en la brújula no es mucho, pero después de unos días de navegación acabarás en otro continente. Por tanto, nos estamos enfrentando a la libertad de elección —la elección espiritual— instante a instante. Constantemente estamos diciendo sí o no a ciertas elecciones. A continuación, esas elecciones determinan nuestro nivel espiritual, nuestro nivel de conciencia calibrado y nuestro destino kármico.

LA DUALIDAD DEL EGO

Este descubrimiento condujo a que finalmente me convirtiera en un maestro espiritual. Quería compartir mi estado subjetivo y algunas cosas que nunca antes se habían dicho. Doy a mi enseñanza el nombre de *no dualidad devocional*. Devocional porque uno está enamorado de la verdad. Uno está enamorado del camino hacia

Dios a través de la verdad. Y no dualidad significa que, para alcanzar un estado de iluminación, uno tiene que trascender el ego. El ego es dualista por naturaleza. El pensamiento humano es dualista por naturaleza: "Es una cosa o la otra, esto o eso". Generalmente, el estudiante espiritual está en un estado de confrontación: empieza por confrontar el ego y lo que tradicionalmente se ha llamado pecado (aunque se le han dado todo tipo de nombres malos).

Lo primero que quería que mis estudiantes entendieran es la naturaleza del ego, y que se hicieran amigos de él al entender de dónde viene. Tienes que dejar de demonizarlo. No puedes verlo como un enemigo. El ego no es otra cosa que la naturaleza animal. Cuando miras al reino animal, lo único que ves es lo que denominamos el ego humano. Cuando lo vemos en un animal, decimos que "es natural". Pero cuando lo vemos en un ser humano, decimos: "Oh, ¿no te parece horrible?". No, no es horrible.

Vemos que, en el curso de la evolución, el cerebro mamífero emerge a partir del cerebro reptiliano, y por primera vez vemos el emerger del amor. El amor no emergió en este planeta durante millones de años, no lo hizo hasta la llegada del cerebro mamífero. Cuando vemos a una madre pájaro cuidando de sus huevos y de sus pajaritos, empezamos a ver el cerebro mamífero. Por tanto, no vemos amor hasta que empieza a emerger el instinto maternal. El amor no aparece hasta que vemos la preocupación de la madre por el hijo, el niño, el polluelo. No surgió al comienzo de la evolución del mundo animal.

El amor comienza a emerger como una expresión de lo maternal; seguidamente, empiezas a ver que el amor florece a lo largo de los siglos. El amor romántico, que damos por hecho en el mundo de nuestros días, es una ocurrencia reciente. Durante muchos siglos la gente no se casaba impulsada por el amor romántico; el matrimonio era una transferencia de poder. Se casaban porque las familias lo acordaban. Los reyes y reinas de Inglaterra, a pesar de todo su poderío, no eran libres de elegir el amor. Pensaban que el matrimonio es una cosa y el amor otra. El amor romántico, tal como lo conocemos, es algo bastante reciente y moderno.

Cuando las personas entran en el trabajo espiritual, siempre les preocupa superar el ego. De modo que empezamos diciendo: recontextualízalo como el residuo animal que llevamos dentro. El viejo cerebro animal sigue estando presente en la parte posterior del cerebro humano, y el córtex prefrontal ha emergido en tiempos relativamente recientes. Si calibras el nivel de conciencia de los homínidos conforme evolucionan en el tiempo, ves al cromañón, al neandertal. Un neandertal calibra en torno a 75 —en el Mapa—, un nivel verdaderamente animal. Aunque es capaz de hablar, en gran medida sigue siendo un animal. Solo con el emerger del cerebro anterior y del córtex prefrontal empezamos a ver la ética, la moralidad, la conciencia espiritual, y así sucesivamente. Por lo tanto, los seres humanos están tratando de transcender el dominio de sus instintos animales. Conviene dejar de ver al ego desde el punto de vista del *pecado* y empezar a verlo como algo *animal*. ¿Cómo es un animal? Bien, puedes ver exhibirse al ego humano en cualquier zoo. Si vas a la isla de los monos en el zoo, ves territorialidad, ves bandas; los monos viven en grupos y luchan por su terreno.

En el mundo siempre hay guerras por el territorio. También ves la explotación o subyugación de los débiles. Ves engaños, mentiras y camuflajes; todo lo que vemos en los titulares de nuestros días es lo que está presente en la bandada de monos, pero con una expresión humana.

El trabajo espiritual guarda relación con la superación del egoísmo, del autocentramiento y del egocentrismo en todos sus variados disfraces. ¿Cuáles son estos disfraces? La compulsión de poseer, de apropiarse, de tener éxito, de ganar, y todas las cosas que conocemos como egocentrismo. Entonces, ¿cómo empieza uno a trascender eso? La gente dice: "Bueno, estoy interesado en evolucionar espiritualmente. ¿Qué puedo hacer desde un punto de vista práctico?". Porque todo lo que acabo de describir puede sonar muy avanzado, muy teórico y muy imponente para alguien que no esté familiarizado con el trabajo.

Lo cierto es que este trabajo se vuelve bastante fácil; cuanto más practicas, más llegas a sentir "he sabido esto en todo momento". Por supuesto que lo has sabido en todo momento, pero quieres aprender a llevar este sentimiento a la vida diaria. Por eso la gente dice: "¿Cómo puedo crecer espiritualmente? ¿Tengo que ir a alguna parte? ¿Tengo que buscar un gurú? ¿Tengo que unirme a un grupo de meditación? ¿Tengo que recitar mantras o qué tengo que hacer?".

No, no tienes que hacer nada de eso.

Es algo tan simple que se pasa por alto todo el tiempo. Es tomar la decisión de ser amoroso y bondadoso hacia la totalidad de la vida, incluyendo la tuya, en todo momento y pase lo que pase. Mostrarse dispuesto a perdonar, a ser amable, a sustentar la vida. De modo que eso no se convierte en lo que haces, sino en lo que *eres*. Te conviertes en eso que sustenta la vida, que sustenta todo tipo de proyectos. Animas a los que necesitan ánimos, y te conviertes en la energía de la vida misma. Te conviertes casi en la manifestación de la Madre Divina, así como del Padre Divino, de modo que es la fusión de los dos: eso que es nutricio y eso que exige la excelencia.

Es algo tan simple que se pasa por alto todo el tiempo. Es tomar la decisión de ser amoroso y bondadoso hacia la totalidad de la vida, incluyendo la tuya, en todo momento y pase lo que pase. Mostrarse dispuesto a perdonar, a ser amable, a sustentar la vida.

INICIAR EL CAMINO DE LA NO DUALIDAD

El camino de la no dualidad, por tanto, es mostrar devoción a los principios espirituales, y a medida que te vuelves devoto de los principios espirituales, te enfrentas cara a cara con la propensión de la mente de elegir entre "una cosa o la otra": bien o mal, liberal o conservador.

Afrontas constantemente las denominadas polaridades, y para alcanzar un estado de conciencia muy avanzado es necesario transcenderlas.

El ego quiere hacerte pensar que él es responsable de tu supervivencia. Dice: "Si yo no fuera tan listo…, si no te recordara que tienes que tomar tus vitaminas y todo lo demás, estarías más muerto que vivo". Por tanto, la desventaja de la dualidad es que crea la ilusión de que existe un yo separado que es la causa de todo: que hay un yo personal, separado de la unidad infinita de la totalidad. El núcleo del ego es este punto autocentrado, que asume que es la causa de todas las cosas. Mientras creas en la causalidad, estarás atascado en la dualidad de "hay un esto que está causando eso". El camino no dual hacia la iluminación disuelve los opuestos.

El ego se siente muy impresionado por la popularidad, por la vanidad y el orgullo, y quiere tener razón. Renuncia a la vanidad de querer tener razón. En realidad, la espiritualidad es una manera de ser en el mundo. La gente piensa en la espiritualidad en términos de la función del ego, del *hacer*. Sin embargo, no se trata de un *hacer*, sino de una *manera de ser* en el mundo. Es una forma de ser en el mundo en la que uno está en un estado constante de aprecio y servicio. ¿Por qué? Porque llegas a discernir la belleza de la existencia y te vuelves benigno, cordial, amoroso hacia todas las cosas. Si no me hubiera mostrado amoroso con la serpiente de cascabel, de la que hablaré en el Capítulo 5, no habría vivido el tiempo suficiente para contarte la historia. El respeto hacia todo lo que existe. Las personas verdaderamente espirituales están dispuestas a ver la belleza intrínseca de la totalidad de la existencia. A ser benignas y a mostrarse incondicionalmente amorosas hacia todas las cosas, todo el tiempo.

Si quieres evolucionar espiritualmente, es muy simple. Digamos que el trato es: *quiero ver el mundo tal como es*. La única forma de verlo tal como es es decidir ser amoroso hacia todo, pase lo que pase: ser respetuoso y amoroso hacia todo lo que existe. Estar comprometido con la vida en todas sus expresiones, discernir la belleza y la perfección de todo lo que existe es un modo de estar en el mundo. Así, como ya he dicho, no se trata de *hacer,* sino de *ser*. Para conseguir un avance espiritual rápido tomas la decisión de ser eso que plasma el potencial de la vida, de ser testigo de su belleza y perfección en todas sus expresiones.

El ego ve todas las cosas en términos de causalidad; ve todas las cosas como si estuvieran yendo de la imperfección a la perfección, de la incompleción a la compleción. Con la visión espiritual empiezas a ver que todas las cosas van de la perfección a la perfección. Todo se está moviendo desde la perfección, y todo ya está completo en el momento. Cada cosa es completamente lo que es como consecuencia de la evolución de la creación hasta este punto. Y tú ves que todo se está moviendo, no desde la incompleción, sino desde la compleción a la compleción, desde la perfección a la perfección. Este corte que tengo en el dorso de la mano es un corte perfecto. Es una perfecta expresión de lo que ocurre cuando se

LA SABIDURÍA DEL DOCTOR DAVID R. HAWKINS

forma una postilla perfecta, y después llega una curación perfecta que dejará una cicatriz perfecta. Todas las cosas están siendo perfectamente lo que están destinadas a ser, y están realizando su potencial. Así, en lugar de causalidad, lo que empiezas a ver es un proceso de *emerger*. El mundo no es un mundo de causas en absoluto.

Todo se está moviendo desde la perfección, y todo ya está completo en el momento. Cada cosa es completamente lo que es como consecuencia de la evolución de la creación hasta este punto.

Vivimos en un mundo de *emerger*. Cada cosa, a cada instante, tiene cierto potencial. Así que empiezas a ver que las cosas no ocurren debido a la causalidad, no ocurren debido a un yo personal. Ves el emerger de la potencialidad a su manifestación como realidad. Ves la compleción a medida que el capullo florece y se convierte en un rosa completa: nada está causándolo, nada está forzándolo, y ni siquiera nada está decidiéndolo. Dentro de cada rosa, a cada instante, ya reside el potencial de abrirse completamente, de abrir sus pétalos. No es una rosa imperfecta que está medio abierta; es una rosa que está perfectamente medio abierta. De modo que ahí transformas tu experiencia de la vida, del mundo y de la realidad, viendo que cada cosa es perfecta a cada instante. La gente me pregunta: "¿Cómo puedo mejorar este mundo?". Yo les digo que no se molesten. Este mundo es perfecto tal como es. No tiene sentido intentar mejorar el mundo, porque el mundo que ves ni siquiera existe. Si el propósito del mundo es el beneficio kármico y la evolución de la conciencia, este mundo es perfecto tal como es. Esta es una comprensión espiritual muy elevada.

Capítulo 2

Calibración

Ahora que tienes las ideas, la inspiración y los ánimos para empezar a caminar por el sendero de la iluminación, ¿cómo determinas los pasos que has de dar a fin de permanecer en este camino? ¿Y cómo puedes estar seguro de que estás avanzando y no simplemente dando vueltas en círculos?

El doctor Hawkins usaba un método muy conocido y desarrolló una herramienta espiritual innovadora para ayudar a responder a estas preguntas. Usaba el método de la kinesiología para diferenciar entre verdad y falsedad, a fin de que uno pudiera estar seguro de que estaba siendo una persona íntegra, por ejemplo, en lugar de ser un lobo con piel de oveja.

Usando este método de calibración, el doctor Hawkins desarrolló su Mapa de conciencia, que delinea los niveles calibrados de conciencia de 0 a 1.000, ofreciendo un mapa en el que progresar en dirección ascendente por el camino de la iluminación.

En este capítulo, el doctor Hawkins explica el método de calibración y el Mapa de la conciencia para que puedas alcanzar los niveles más elevados de iluminación.

Es un hecho biológico que la verdad hace que tu cuerpo se fortalezca, y que la falsedad lo debilita. No tienes que etiquetarlo de ninguna manera, es simplemente un hecho. Si mantengo en mi mente algo negativo y alguien testea la fuerza de los músculos de mi brazo, estarán debilitados. Por otra parte, si tengo en mente algo elevado, verdadero, y de alta calibración, el brazo se fortalece.

Ahora bien, *yo* no tengo nada que ver con esto. Esta es una respuesta fisiológica. En las conferencias explico las razones por las que esto es así. Las razones probables son evolutivas: la vida animal no contiene una fuente de energía dentro de sí. La vida vegetal tiene la clorofila. Una planta simplemente está al sol y absorbe energía. No tiene que adquirir ni conseguir. La vida animal es protoplásmica. No tiene ninguna fuente de energía dentro de sí. Tiene que adquirirla. A fin de sobrevivir, la vida animal —vida protoplásmica de la que los humanos somos, por supuesto, un ejemplo— tiene que ser capaz de averiguar qué resulta nutricio, útil y sustenta la vida.

De modo que lo primero que la ameba tiene que aprender es qué incrementará su fuerza y supervivencia, y qué la matará. Por lo tanto, tiene que aprender, en un nivel muy bajo de conciencia, lo que está a favor de la vida y lo que es anti-vida. Lo que es pro-vida te hace fuerte, vigoroso. Te multiplicas y tienes éxito. Y si no tienes la capacidad de diferenciar correctamente, mueres. Basta con cometer un error, confundir lo que es nutricio con lo que es venenoso. No tienes una segunda oportunidad para aprender, porque los que no aprendieron están muertos.

En consecuencia, la única razón por la que los humanos están aquí es porque aprendimos eso. Si no lo hubiéramos aprendido, nos habríamos muerto hace mucho tiempo. Así, las entidades protoplásmicas que no aprenden a diferenciar entre verdad y falsedad, entre venenoso y nutricio, no sobreviven. El hecho de que cualquier tipo de organismo siga con vida significa que tiene dentro de sí, de manera innata, cierta capacidad de discernir entre lo que favorece la vida y lo que es anti-vida. Si no lo hiciera, estaría muerto.

La gente europea que no pudo diferenciar entre un dictador malevolente y un gran líder benéfico perdió la vida. No conocer la diferencia entre lo que calibra por encima de 200 y lo que calibra muy por debajo de 200 costó 10 millones de vidas. Durante mi periodo de vida, en Europa murieron 10 millones de personas. Si tienes en mente a Hitler y tratas de mantener el brazo recto y paralelo al suelo, descubrirás que está débil. Apenas puedes sostener un pequeño libro. Pero si tienes en mente a Jesucristo, tu brazo se fortalece mucho. Si tienes en mente a Churchill, tu brazo se fortalece. Y si tienes en mente a Stalin, el brazo se debilita.

Ahora bien, esto es válido incluso si no sabes nada sobre la persona. Digamos que tomo una fotografía de esta persona, y la mantengo en mente. Mi manera de hacer el test es que le pregunto a la persona cuyo brazo estoy usando. No quiero influir en su respuesta en ningún sentido, de modo que digo: "Lo que tengo en mente calibra como verdadero". A continuación, presiono hacia abajo. Si es verdad, su brazo está fuerte. Si es falso, el brazo se debilita.

O podría decir: "Esto calibra por encima de 200. ¿Sí? ¿Sí? No. Calibra por encima de 300. Sí, no. De acuerdo". Así, lo que es verdad sustenta la vida y lo que sustenta la vida —a través del sistema energético de la acupuntura, de los meridianos de acupuntura— hace que el cuerpo se fortalezca instantáneamente. Una vez que entiendes el planteamiento, sabes llevarlo a cabo, como cualquier otra cosa. El simple hecho de entender la fisiología no implica que puedas prescindir del oxígeno por encima de los cuatro mil quinientos metros de altitud. No puedes. Cuando entiendes los principios básicos, el test muscular es extremadamente fácil.

LA IMPORTANCIA DE LA INTEGRIDAD EN LA CALIBRACIÓN

Aproximadamente el diez por ciento de la población no puede usar este método por razones que todavía no sabemos, es posible que sea por causas kármicas. La gente que está por debajo del nivel de conciencia 200 no puede usarlo con ningún grado de precisión. Tienen que ser íntegros, y la intención de la pregunta tiene que ser íntegra. Si vas a usar esta técnica para averiguar la mejor manera de robar un banco, ¡no obtendrás respuestas fiables!

Digamos que quieres dar dinero a una organización y preguntas: "¿Es esta organización íntegra o no?".

Entonces obtienes un sí, y dices: "Está por encima de 200, 300, 400. ¿Cómo de íntegra es esta organización?". Una vez que ya sabes todo eso, ves que hay algunas organizaciones que suenan como las mayores filantropías del mundo, pero se ven obligadas a emplear miles de millones en publicidad. Y cuando las calibras, hacen que tu brazo se debilite. Si la organización fuera verdaderamente íntegra, haría que tu brazo se fortaleciera ¿cierto?

Cada persona es diferente. Yo lo contemplo pragmáticamente y uso el test muscular para resolver cosas que no son aparentes a primera vista, o para confirmar algo que presumo aparente, pero quiero asegurarme de no estar percibiéndolo de manera equivocada. De modo que úsalo de vez en cuando. Pero a veces se usa con intensidad. Cuando realizo mis investigaciones, lo uso intensamente. Si estoy diagnosticando el mundo de hoy, quiero calibrar a cada político que hay por ahí, a cada gran orador, a todos los que dan grandes discursos, y también quiero calibrar las historias y las excusas de la gente.

Pregunto: "¿Cuál es la energía de este candidato?". Este candidato cuenta esta historia. ¿Es eso así? De acuerdo, este candidato pasó tiempo con este y con el otro. "¿A qué nivel calibran estas personas?". Obtengo un cuadro completo con múltiples aspectos, porque lo que ocurre es que muy pronto las piezas del gran cuadro empiezan a encajar. Toda la película encaja. Primero pones las paredes, después la alfombra, después pones las fotos en la pared y a los distintos actores. Y todo empieza a encajar en el cuadro, el argumento se hace muy evidente: por qué esta persona dijo lo que dijo en ese momento. Y verificas constantemente.

Ahora bien, la gente también cambia. De modo que puedes ver un cambio en una persona destacada y puedes preguntar: "¿Sigue esta persona en el mismo nivel que antes o la han comprado?". Tienes que estar preparado para descubrir cosas que no te van a gustar.

Por supuesto, no olvides que cuantas más cosas calibres, más experiencia tendrás y mayor será tu grado de precisión. Después de hacerlo 10.000 veces, casi puedes mirar a cualquier cosa y saber en qué va a calibrar con un margen de error de un par de grados.

La calibración es una gran herramienta de aprendizaje. Aprendes mucho sobre tu propia conciencia. Aprendes mucho sobre tus motivaciones. No vas a conseguir una respuesta apropiada a menos que puedas retirar tus prejuicios personales de querer una respuesta u otra. Descubres que alguien que creías que era una persona calumniosa y horrible calibra por encima de 200. Y otra que crees que va a ser el salvador del mundo está por debajo de 200, y en realidad está llena de aire caliente. Puede ser un gran político, pero un buen político no es lo mismo que un gran estadista.

Hablando en general, los americanos no aprecian la diferencia. Para ellos, un político y un hombre de estado son lo mismo. Son muy diferentes, y calibran muy distinto. El político está interesado en *yo, yo, yo,* y es muy simplista. Consigue lo que quiere para su propia ganancia personal. Un estadista es lo que es para el bien del mundo y de su país. Un ejemplo es Winston Churchill: Gran Bretaña habría salido derrotada de la Segunda Guerra Mundial de no ser por Winston, que calibraba en 500.

EMPEZAR

Puedes realizar la prueba muscular por tu cuenta. Tócate los dedos medio y pulgar de la mano izquierda de modo que formen una "o". Ahora toma el dedo índice de la mano derecha y engánchalo dentro de la "o". Trata de separar el pulgar y el dedo medio. Si algo es verdad, descubrirás que hace falta mucho esfuerzo para romper esa "o". Si lo que tienes en mente en negativo, comprobarás que la "o" es débil.

El test muscular también puede llevarse a cabo con varias personas a la vez de esta forma: mantén tu brazo derecho o el izquierdo extendido hacia fuera y paralelo al suelo. Ahora, haz que alguien lo empuje hacia abajo con dos dedos a la altura de la muñeca, con una presión aproximada de ciento cincuenta gramos. No estamos tratando de romper el brazo. Como siempre, la precisión de este método depende del nivel de conciencia de los participantes. Si estás por encima de 200, es probable que obtengas un resultado preciso. Recuerda: para empezar, ambos participantes tienen que ser íntegros.

En cualquier caso, ¿qué significa ser *íntegro?* Significa que te interesa más la verdad que intentar demostrar alguna noción preconcebida. Así, si tengo en mente algo que contiene energía negativa junto al plexo solar de una persona con el brazo extendido hacia un lado y presiono hacia abajo a la altura de la muñeca, su brazo caerá. Su brazo caerá, está muy débil. Si pienso en ciertos tipos de música, como algunos tipos de heavy metal o rap, o en pesticidas, o en cualquier cosa negativa —y hay un montón de ellas— dentro del aura de la persona que está siendo testeada, y presiono hacia abajo, su brazo se debilitará. Por el contrario, si tengo en mente algo o a alguien positivo, su brazo se fortalecerá.

La diferencia es muy marcada. La persona que es muy fuerte es muy fuerte y no puedes empujar su brazo hacia abajo con dos dedos. Pero, con algo que le debilite, hasta un niño podría empujar su brazo hacia abajo con dos dedos. Cuando se debilita, se debilita. Por ejemplo, si tomo un libro de Platón o de Sócrates y lo sostengo contra el plexo solar de la persona, su brazo se fortalece. Si tomo el *Manifiesto Comunista* y lo sostengo contra su estómago, su brazo se debilita. Karl Marx calibra en 130.

Podrías preguntar: "¿Cómo sé yo el nivel de calibración de Marx?". Bien, te dices: Marx calibra por encima de 110, 120, 130... y cuando llego a 130, ese es el final del sí y del no. ¿Calibra por encima de 130? La respuesta es no.

Puedo hacer lo mismo con el presidente Reagan. Puedo hacerlo con Abraham Lincoln. Puedo hacerlo con las grandes pirámides de Egipto. Puedo hacerlo con cualquier cosa del planeta. La verdad te fortalece; la falsedad te debilita.

Por tanto, esto tiene una base biológica. La capacidad de discernir entre la esencia y la apariencia es fundamental para la vida. Si una bacteria no conoce la diferencia entre lo que es venenoso y lo nutricio, pronto morirá... y ya no quedarán bacterias. Desde el punto de vista protoplásmico, la supervivencia depende de la capacidad de discernir entre lo que favorece la vida y lo que es anti-vida. La falsedad es anti-vida y la verdad es provida.

Es como montar en bicicleta. Requiere cierta experiencia. Algunas personas son muy expertas en este test. En primer lugar, toman mi palabra como la verdad absoluta, y no ponen muchos obstáculos en forma de dudas o curiosidad. Si yo digo que funciona, funciona. Si no funcionara, ¿por qué tendría que decir que lo hace? Tienes que tener cierta confianza en la autenticidad de los demás.

Comparto el sistema del test muscular con la gente porque es extremadamente útil. Hay sociedades en las que es muy común. Cuando estaba en Oriente, era *muy* común. Veías a una persona comprando, sosteniendo un tomate en la mano, presionándolo: si se debilitaba, no era un buen tomate. Algunas personas lo incorporan a su cultura. El hecho de que la verdad te fortalece y la falsedad te debilita parece tan básico y de sentido común que uno no cree que los intelectuales lo cuestionarían.

Digamos que yo soy la persona que está haciendo la prueba, y mi compañero se está resistiendo mientras yo le presiono con dos dedos. No quiero influir en la manera de pensar de esa persona ni darle pistas sobre lo que estoy pensando. Con las personas íntegras lo puedes decir en voz alta y no les afectará. Pero la mayoría de la gente no es tan íntegra. De modo que lo que les digo es: "Lo que tengo en mente calibra por encima de 100, 150, 200, 250, 300", hasta que obtengo un sí del participante. De este modo no estoy influyendo en la respuesta, porque la persona cuyo brazo estoy presionando hacia abajo no sabe qué tengo en mente. No quiero contaminar la respuesta.

Tampoco quiero perder el tiempo intentando conseguir una respuesta falsa. La gente piensa: "Oh, quiere obtener una respuesta falsa". ¿Por qué perdería el tiempo con una respuesta falsa, como un perro persiguiendo su propia cola para divertirse? No creo que eso sea muy entretenido. Quiero que la prueba sea relevante. De modo que digo: "Ahora, lo que tengo en mente... calibra por encima de tal y tal", pensando en candidatos políticos o programas. No influyo en la respuesta porque yo mismo no la conozco. Si los dos participantes quieren saber la verdad por la verdad misma, tendrás un equipo exitoso.

Como cualquier otra cosa, la prueba muscular requiere un poco de práctica. Algunas cosas te decepcionarán, como la música heavy metal negativa que pusimos a prueba. Sugiero que apagues la música, la televisión y otras distracciones. Cuando estos aparatos están encendidos, puede haber todo tipo de energías negativas en el aire, de modo que podrías obtener falsos negativos. Esto se debe a la energía de fondo de los sonidos, de modo que tienes que apagar los aparatos.

Para ayudar a resolver las dudas, controversias y habladurías, a menudo me pongo de pie y digo: "Este tipo calibra por encima de tal y tal. Me pregunto dónde está. Me suena que puede estar cerca de 160". Bien, acerté. En otras palabras, quiero confirmar mi propia impresión. De modo que está la percepción y, por otra parte, está la *esencia*.

Uso la calibración para confirmar la esencia de una cosa, ya que no quiero limitarme a la percepción. Porque alguien con un buen trato puede sonar muy convincente la primera vez que te encuentras con él. Te dices: "Parece un tipo estupendo". Y después haces la prueba del brazo, y sale que está en 180. Y te dices: "Vaya, ahora tengo un problema". Cuando la percepción no concuerda con la esencia, uso la prueba para calibrar factores desconocidos, y quiero una idea rápida de lo íntegra que es esa cosa que estoy testeando.

Si no tienes ninguna idea de lo que algo es, di: "Esto está por encima de 200 o por debajo de 200". O bien dices: "Esto está por encima de 200", para tener una idea de en qué rango está. Después de haber hecho varios miles de pruebas, te vuelves muy perspicaz. Generalmente puedo adivinar el nivel de calibración con un margen de error de un par de puntos. Estás entrenando tu intuición. Se trata de un área de la vida que habitualmente no entrenamos, porque, en general, no tenemos manera de comprobar si es verdad.

Pero, como digo, al calibrar las cosas constantemente llegas a ser muy hábil en ello. Yo diría que nueve de cada diez veces estás al menos cerca de la realidad. La persona media no lo está. La persona media es muy fácil de engañar. A la gente le gusta enorgullecerse del hecho de que no les pueden engañar, pero las estadísticas muestran lo contrario.

CALIBRACIÓN, ATEOS Y NARCISISMO

Algunos profesores universitarios bien conocidos han desdeñado este método, y no funciona para los ateos. Si niegas la verdad, la realidad de la verdad de Dios, que es uno de los aspectos de la divinidad, el uso de esta metodología está desaconsejado para ti. Por lo tanto, los ateos no pueden usarla. No quiero que pierdan el tiempo probándola. De primeras, eso ya te saca del escenario.

Las personas que cuestionan el método a menudo son ateas. Descubrirás que los ateos detestan este método porque odian el absolutismo. Quieren que todo sea relativo. La idea de que existe un absoluto a quien uno debe responder es una antinomia. Dios resulta confrontador para el narcisismo del ego. El narcisismo del ego está desatado. Niega a Dios. Él es *más grande* que Dios.

Perico de los Palotes, salido de la nada, está en su segundo año de universidad y ya "sabe" que lo divino no existe. Él calibra en 192 y la divinidad calibra en infinito. De modo que aquí está este tipo en 192, negando la realidad de eso que calibra en *infinito*. La pedantería del ego humano no conoce límites.

El ateo está atado a un sistema de creencias, pero el principal motivo que está detrás de dicho sistema es el narcisismo. Y lo que está detrás del narcisismo es la ingenuidad. Esa persona no es consciente de que el intelecto, que calibra en los 400, no está en un paradigma que le permita llegar a considerar las realidades espirituales, que están en el nivel 500 y por encima. No puede probar ni refutar cómo es ir en canoa dentro de una cancha de baloncesto. Y a la gente que no cree en mi trabajo le digo: "¡No creas en él!". No me interesa si creen en él o no. ¿A quién le importa si creen o no? Yo puedo decirte que he encontrado en qué dirección está el este, pero si quieres seguir tu propio camino, síguelo. Yo sé ir hacia el este, eso es todo.

Algunas personas no entienden que estoy obligado a decir la verdad. No digo esto para los que me escuchan. Lo digo porque soy responsable y rindo cuentas ante Dios. Y como rindo cuentas a Dios, ofrezco la verdad tal como la entiendo. Esto se debe a que soy *responsable* ante la divinidad. Una persona que no crea en la divinidad solo es responsable ante el núcleo narcisista de su propio ego. Las personas que están más evolucionadas espiritualmente se dan cuenta de esto a las puertas de la muerte: están a punto de volverse responsables, con letras mayúsculas. Van a empezar a notar que hay diablos con cuernos y colas, o van a empezar a oír el canto de los ángeles.

EL MAPA CALIBRADO DE LA CONCIENCIA

A través de la prueba muscular, por tanto, descubrí un fenómeno, y a continuación ese fenómeno me permitió calibrar los niveles de conciencia. El fenómeno es innato a la vida. De esto surgió el Mapa de la Conciencia calibrado, una escala logarítmica que va de uno a mil e incluye todas las posibilidades dentro del dominio humano, siendo 1.000 el nivel de los grandes avatares: Jesucristo, Buda, Krishna, Zoroastro. Es lo más alto que se puede llegar en este dominio. ¿Por qué? Porque el protoplasma humano no puede gestionar las energías situadas por encima de 1.000. De hecho, desde aproximadamente 800 hacia arriba, al sistema nervioso le resulta muy difícil gestionar ese tipo de energías [tan elevadas]. En los 800 se vuelve muy incómodo, a veces muy doloroso y agónico.

Si tu conciencia va más allá de 1.000, perteneces a un reino distinto y te vas de aquí. Puedes oír tu protoplasma chisporroteando bajo el sol, y entonces es el momento de soltar el protoplasma. Así, debido a las limitaciones del sistema nervioso humano y del protoplasma, el Mapa de la Conciencia solo llega hasta 1.000.

Los arcángeles calibran en frecuencias altísimas. El que en una ocasión notó mi presencia calibraba en 50.000, y ese notar pasajero cambió mi vida completamente. Fue como el disparo de un fogonazo devastador. De modo que reza para que ningún arcángel piense demasiado en ti. Lo más elevado no siempre es lo mejor.

Descartes dijo que el ser humano no sabe si la realidad es lo que él percibe que es la realidad. Hay una *res* interna y una *res* externa. El mundo tal como es o la naturaleza misma. Y, por supuesto, Sócrates, que es mi maestro favorito de la antigüedad, dijo lo mismo. Todos los hombres son inocentes en virtud del hecho de que son incapaces de discernir entre apariencia y esencia, verdad y falsedad, y persiguen ilusiones. Siempre persiguen lo que perciben que es bueno.

Así, esto nos ayuda a poner el perdón en su lugar, y la declaración de Cristo de que el único error humano es la ignorancia. La gente comete errores, y la inocencia del niño todavía reside dentro de todos nosotros. Por eso somos fáciles de engañar y programables; como el niño, la mente tiende a creer todo lo que oye.

Por supuesto, lo que aprendemos a través de esta técnica es devastador. En comparación con las apariencias, lo que realmente ocurre en el mundo es muy notable. Aunque el mundo no sabe lo que está pasando, nosotros lo sabemos en cuestión de segundos. ¡El mundo entero estudia la cosa y ni siquiera sabe de qué va!

Recuerda: solo pueden usar la técnica las personas que calibran por encima de 200, y solo si su intención es íntegra. No puedes usar la técnica para intentar probar un punto, para intentar conseguir que el mundo esté de acuerdo contigo. Tienes que estar dedicado a la verdad por su propio mérito. A continuación, cuando descubras la verdad, ya te ocuparás de qué hacer con ella. Pero lo primero es que no sabes cuál es el problema hasta que preguntas cuál es la verdad de esa cuestión. Nuestra dedicación es a la verdad, desde la base de que la verdad es el camino recto hacia Dios. Y dualidad no lineal significa soltar la apariencia lineal de las cosas y alinearse con la esencia; este es el camino más rápido hacia la iluminación.

La visión de Dios, por tanto, depende de tu nivel de conciencia: puedes ver a Dios como punitivo o atemorizante, y también puedes ser ateo y no creer en Dios en absoluto. Tu visión de ti mismo también depende de tu nivel de conciencia. No depende de las condiciones sociológicas, de la pobreza o la riqueza, ni de ninguna de estas cosas. Tu visión de ti mismo es una consecuencia de tu propio nivel de conciencia.

Hemos dado a estos niveles nombres útiles. Los niveles espirituales van desde la iluminación hasta otros aún más elevados. El nivel 600 es fenomenal. Dentro del dominio humano, muy poca gente llega a los 500. Todavía menos llegan hasta el amor incondicional, en 540. De la población mundial, solo el 0,4 por ciento alcanza el amor incondicional. La gente pregunta: "¿Cómo puedo llegar al amor incondicional?", y yo les digo: "Bueno, hazte alcohólico y únete a Alcohólicos Anónimos, que calibra en 540". O puedes estudiar *Un curso de milagros*.

Todos estos caminos dependen de la simplicidad, de estar dispuesto a perdonar, y de estar dispuesto a vivir día a día. Los incluyes en tu vida y los practicas diariamente, haciéndolos parte de tu existencia. Esto significa que tienes que renunciar al placer de condenar a otros.

La razón está en el nivel de los 400. El amor en 500. Hay amor incondicional y hay *más allá* del amor incondicional. Empezamos desde la vergüenza, el desastre, la culpa, la apatía, el miedo y la ira. Este nivel de 200 es crítico. En el nivel 200 estamos dispuestos a ser honestos. La honestidad con uno mismo es el único requisito de cualquiera de estos programas espirituales. La honestidad con uno mismo te pone automáticamente por encima del nivel 200.

A partir de aquí, estás interesado en la verdad por ella misma. Y lo que ocurre a partir de aquí es extremadamente importante, porque la química cerebral cambia. Cambias del cerebro izquierdo, del animal, del domino instintivo del ego. La energía kundalini asciende, y ahora cambias al cerebro derecho, que ve las cosas de una manera benigna, procesa la información de otra forma y también se liberan neurotransmisores y neurohormonas que alteran el funcionamiento de tu fisiología cerebral.

La gente que espera que toda la población mundial se una, cante canciones y se den la mano, y ser todos felices, se olvidan de que la gente situada por debajo de 200 tiene una fisiología cerebral diferente y, francamente, a ellos les pareces un idiota. De modo que todos los pacifistas bonachones que quieren visualizar un mundo nuevo y pacífico se están olvidando de que el 85 por ciento de la humanidad calibra por debajo de 200. En Estados Unidos aproximadamente el 50 por ciento de la población. Y estas personas tienen una fisiología cerebral distinta. Esto significa que lo que les estás diciendo no tiene sentido ni significado para ellos, probablemente les parezca absurdo, y por ello, en sus mentes, mereces la muerte.

Esto hace que resulte un poco difícil. ¿Cómo vas a convertir esto en un mundo pacífico? La gente siempre se pregunta: "¿Qué puedo hacer para ayudar al mundo?". Bien, ¡quedarte callado y ocuparte de tus asuntos es un buen comienzo! ¿Por qué? Porque lo que realmente ayuda al mundo es tu evolución espiritual personal. *Eso* es lo que ayuda al mundo. Tu bondad hacia otros empieza a elevar el nivel general de conciencia de la humanidad, el cual, desgraciadamente, había subido y ahora ha vuelto a bajar.

Como sabemos, el nivel de conciencia de la humanidad estuvo en 190 durante muchos, muchos siglos. En tiempos de Jesucristo estaba aproximadamente en 100. Ascendió lentamente hasta 190 y se quedó ahí a lo largo de los siglos, hasta el siglo XIX y comienzos del XX. Y así, a finales de los años 80 del siglo pasado, en el tiempo de la Concordancia o Convergencia Armónica, de repente saltó a 205. Y se quedó en 205. La siguiente vez que hubo una Concordancia o Convergencia Armónica estábamos dando una conferencia en San Francisco. En el momento exacto de dicho evento, el nivel de conciencia de la humanidad ascendió de 205 a 207. Esto quedó documentado y registrado: ascendió a 207.

Se mantuvo ahí por un tiempo, y después, lentamente, empezó a descender de nuevo. De modo que estaba en 207 y bajó a 206, 205, y ahora ha descendido a 204, que es un poco más cerca de la línea, porque en realidad 200 es la línea crítica debido a dos cosas: el efecto de la filosofía del relativismo, con su invasión de la integridad y la verdad, y la gente dedicada a la violencia. Así, entre la violencia, por un lado, y los que defienden a los violentos, por otro, el nivel del mundo ha descendido.

Pero, en realidad, esto no ha de preocuparnos. Dejemos que Dios se preocupe de ello. El mundo es perfecto tal como es. Ofrece el máximo potencial de elección kármica. El espíritu no puede evolucionar a menos que tenga elección. Si estás obligado a ser siempre de cierta manera, no existe el mérito kármico.

Como asumes la responsabilidad de la evolución de tu propia conciencia, cada segundo estás realizando elecciones. El espíritu humano es una especie de recorrido kármico. Siempre me lo imagino como una pequeña limadura de hierro, y el campo infinito de la conciencia es como un campo electromagnético infinitamente poderoso, de modo que te posicionas dentro del campo en función de aquello que has llegado a ser.

No hay un Dios juez que te diga que estás siendo malo o que estás siendo bueno. Nadie te dice: si eres bueno, te premiaremos y te pondremos aquí; y si eres malo, te pondremos allí abajo. Tienes tus propias elecciones; nadie conduce tu canoa sino tú. Tú, por tus propias elecciones y por tu propio acuerdo, más o menos, cambias los cargos pendientes contra ti mismo. Miremos esto en términos de positivo y negativo. Yo digo: "Tú eres un hijo de tal y te odio", y entonces te pones un poco más negativo. Y a continuación me dices: "Pero te perdono", y entonces te pones un poco más positivo.

Probablemente no sabías lo que estabas haciendo, como dijo Sócrates. Por otra parte, a estas alturas ya deberías saber y avanzar un poco. Por tanto, ves, eres como una cosita pequeña, así, fluctuando en el espectro electromagnético. El espíritu es lo que sobrevive y, cuando abandona el cuerpo, va a aquello que él es.

De modo que estoy de acuerdo con Freud en que las descripciones negativas de Dios son proyecciones del inconsciente humano. Sin embargo, Freud siguió adelante y cometió un error; fue más lejos y dijo: "Por lo tanto, no existe un Dios verdadero". No. El hecho de que no exista un Dios falso no significa que no exista uno verdadero. Por eso Freud calibró en 499.

Los 400 son extremadamente poderosos e importantes. El amor se sitúa en 500; la alegría en 540. Y a medida que alcanzas los niveles más altos, encuentras el amor incondicional, el cual, según pienso, es el mejor objetivo hacia el que dirigir la vida humana. El amor incondicional es alcanzable dentro del dominio humano. Los estados de iluminación son muy difíciles de alcanzar en el mundo de hoy, pero el amor incondicional significa que te vas [de aquí] y entras en los reinos celestiales.

Si quieres salvar al mundo, yo sugeriría que lo primero que puedes hacer es soltar tus posiciones y rendirte a Dios, que es lo mismo que han dicho otros grandes maestros. El mundo que ves ni siquiera existe. Es una proyección de tu propia percepción. Puedes abandonar el deseo de cambiarlo, porque lo único que estás cambiando son tus propias proyecciones, que estás viendo proyectadas ahí fuera. No estás cambiando nada en el mundo en absoluto.

A menos que un hombre tenga elección entre bien y mal, ¿cómo va a transcender? Si no tienes ningún enemigo, ¿a quién vas a perdonar? ¿Entiendes a qué me refiero? "Soy un fracaso. No tengo a nadie a quien perdonar. Ahora, ¿qué vamos a hacer en *Un curso de milagros*?".

El trabajo espiritual es principalmente *yin*. Es *yang* por su intención, pero es *yin* en su operar. Por ejemplo, pregunto a Dios cuál es la respuesta a alguna cosa, y a continuación doy un paso atrás y dejo espacio para la revelación. Así, a menudo el progreso se alcanza sin pensar siquiera: simplemente tienes una sensación de saber o una intuición. Y, a continuación, si conoces la prueba muscular, puedes testear esa sensación para confirmarla. Ha resultado ser muy, muy útil.

Los estados iluminados y divinos, el Dios supremo y todas esas cosas, calibran en 1.000 y más arriba. Como sabemos, la mayoría de la población mundial calibra por debajo de 200. ¿Por qué el mundo no se desmorona y se destruye a sí mismo? Se acerca a ese punto periódicamente. La humanidad ha estado en guerra el 93 por ciento del tiempo del que existen registros históricos. El otro 7 por ciento, probablemente estábamos demasiado enfermos o éramos demasiado pobres. Eran tiempos de plagas. No podíamos reunir fuerzas para salir ahí fuera y matarnos entre nosotros.

¿Por qué el mundo no se autodestruye? No se autodestruye porque se trata de una escala logarítmica. Debido a ello, el avance de unos pocos puntos resulta enormemente poderoso. De hecho, en Estados Unidos, aunque solo dos personas calibran tan alto logarítmicamente, su poder es tan grande, que equilibran totalmente la negatividad de la humanidad, que llevaría a su autodestrucción. De modo que los que estáis en 200 y por encima, lectores como tú, estáis impidiendo que el mundo se vaya al garete. Debido a que la escala es logarítmica, el poder relativo es tan enorme que contrarresta la negatividad.

LOS NIVELES INFERIORES DE CONCIENCIA

Ahora quiero mostrar la fuente de la maldad del ego. Como ves, la conciencia comenzó en un nivel muy primitivo. El nivel de conciencia se fue elevando lentamente a lo largo de muchos miles de millones de años. El nivel de conciencia de la vida misma, la conciencia total de la vida en el planeta, ha evolucionado a lo largo de miles de millones de años, muy, muy lentamente.

A veces, el nivel de conciencia de los animales ha mantenido el nivel general elevado. Aunque el ser humano ha estado muchas veces por debajo de 200, hay muchos animales en el planeta que están por encima. Alguien dice: "Bien, el nivel de conciencia del ser humano está en 204 aproximadamente. ¿Cómo es que hay vida en 212?". Se debe a que tenemos gatitos y perritos. El movimiento de la cola de un perro [mostrando excitación o alegría] se sitúa en el nivel 500.

No quiero decir nada que pueda herir los sentimientos de la gente, pero a los perros y gatos les va mejor que a las personas. A los chimpancés y gorilas también. Estás más seguro con la gorila Koko que con la mayoría de la gente que encuentras en el metro. Koko no te va a robar el bolso y salir corriendo. Monos, perros, gatos. Por supuesto, cuantos más gatos tengas, más alto es tu nivel de conciencia. Soy fan de los gatos. Nuestro nivel de conciencia en casa, sin gatos, probablemente colapsaría.

No nos olvidemos de los caballos, elefantes y vacas. Todos ellos son principalmente herbívoros. Cuando contemplas cómo comenzó la vida, en el nivel más bajo, y que ascendemos a través del pez, el pulpo, el dragón de Komodo, y otros mamíferos predadores, ves que la vida es voraz. Por debajo del nivel de conciencia 200 solo puedes sobrevivir comiéndote a otros. Y a medida que el nivel de conciencia aumenta, llegamos a los herbívoros.

En el nivel de conciencia 200 tenemos a los lobos y zorros. A continuación, de repente, en ese mismo nivel pasamos a las cebras, jirafas, ciervos, bisontes, cerdos domésticos, renos, vacas y ovejas. ¿Ves el cambio? Comes hierba y no haces daño a nadie, mientras que el dinosaurio tiene que matar. Tiene que matar para comer. Su naturaleza es matar. El dinosaurio no está siendo malo ni malvado, simplemente esa es su naturaleza. Está reflejando un nivel de conciencia. De modo que la gente del planeta que parece estar enfocada en matar, lo hacen porque su nivel de conciencia sintoniza por debajo de los 200. Por lo tanto, el cerebro izquierdo, la fisiología instintiva del cerebro izquierdo, toma el mando y entonces matar se vuelve emocionante, divertido y gratificante.

Hemos dicho que los 400 son, por así decirlo, el nivel en el que los humanos alcanzamos nuestra máxima excelencia intelectual, probablemente en torno al año 350 a.C. A nivel de la filosofía, en realidad no ha habido ninguna mejora desde los tiempos de la Antigua Grecia.

Y aquí hemos calibrado los grandes libros del mundo occidental y hemos descubierto algo muy interesante. En general, colectivamente, estos calibran en torno a 460. Así, la excelencia intelectual, la verdad intelectual y la razón están en los 400. En la antigüedad, una educación liberal implicaba estudiar a todos estos escritores. Y todavía existe una fundación para el estudio de los grandes libros. Se te aconseja tomarte 10 años para hacerlo. De modo que dedicando 10 años al estudio, entonces compartirías una comprensión común con todas las grandes mentes que han vivido antes que tú, al menos dentro de los ámbitos intelectuales y filosóficos.

La dificultad de algo de muy baja calibración es que inicia una tendencia que se propaga en forma de memes. Una infección así puede extenderse por todo el mundo. La gente me pregunta: "¿Cómo puedo llegar a ser espiritual?". Y yo les digo: "En primer lugar, simplemente sé un ser humano decente. Prueba eso. Sé considerado, decente. Sé responsable. Si dices que vas a cerrar la puerta al irte, por favor, hazlo". La gente tiene que poder contar contigo. Tienes que ser honesto y valorar la sabiduría. La sabiduría calibra en 385. Las personas sabias tienden a ser benignas. Resulta seguro estar con ellas, son tan seguras como la gorila Koko. Humanas, felices y sensatas. A veces, se las llama "la sal de la tierra".

Hay diversos campos de energía, o sistemas de chacras, que estoy seguro de que ya conocéis. Una agrupación de estas energías es la mente inferior. La mente inferior se sitúa en 155. Hay otra agrupación de energías a la que llamamos mente superior. Ambas tienen dos grupos de valores distintos. Lo que una mente considera válido, verdadero y ético, la otra lo considera no válido, y de hecho inmoral. Así, la mente inferior está muy interesada en el sensacionalismo, y es muy crédula. Está interesada en ser lista y en explotar la vida. Podemos pensar automáticamente en las noticias: les gusta mostrar lo sensacional. Toman un pequeño incidente trivial e insignificante, y le dedican mucho tiempo. Y a las cosas que tienen mucha importancia y realmente amenazan a toda la humanidad solo le echan una ojeada superficial, si eso.

En 275 y por encima está la mente superior, y a través de ella uno entra en la reflexión, el equilibrio y la sensibilidad hacia lo que es apropiado y hacia lo que no lo es. La mente superior tiende a buscar soluciones y a afrontar las dificultades. De modo que aquí hay una gran recompensa. El intelecto del 85 por ciento de la gente del mundo está en el nivel de la mente inferior. En Estados Unidos es solo el 50 por ciento. Aproximadamente, el 50 por ciento prefiere ver algo sangriento, horrible y sensacional que algo que muestre belleza. En la mente superior se reconoce el poder de la conciencia.

Einstein, que era un maestro de la dimensión lineal, calibraba en 499, pero se negó a reconocer el papel de la conciencia. Rechazó su realidad. Dijo: "Prefiero pensar que ahí fuera hay una realidad diferenciada, objetiva y lineal". Hemos calibrado todas estas cosas para darte una base científica con la que entender cómo ocurre el mundo fenoménico.

Siempre digo a la gente: "Date cuenta de que todo está ocurriendo espontáneamente". La limitación del ego es que piensa que la causa es un *yo* personal, y se basa en el principio newtoniano de que hay un *esto* que está causando *eso*. En realidad, no hay un *esto* causando ningún *eso*. De hecho, ese fenómeno no es posible porque la evolución y la creación son una misma cosa. Así, lo que vemos es el emerger del potencial como consecuencia de la evolución.

La limitación del ego es que piensa que la causa es un *yo* personal, y se basa en el principio newtoniano de que hay un *esto* que está causando *eso*. En realidad, no hay un *esto* causando ningún *eso*. De hecho, ese fenómeno no es posible porque la evolución y la creación son una misma cosa.

TRANSCENDER LA MENTE Y EL DOMINIO LINEAL

La razón del conflicto religioso es la falta de comprensión de la naturaleza de la divinidad. Se considera que hay un Dios que comienza aquí, y entonces un día crea todo lo que hay y luego desaparece. Y después de morirte, te encuentras con él y lo saludas el día del juicio final. No sé adónde va entre tanto, pero se va a alguna parte. Esto se debe a que la mente no comprende el infinito.

Para transcender la mente, que está basada en causa y efecto, y en el paradigma newtoniano de la ciencia, tienes que pasar a una conciencia superior. Deja de proyectar la idea de causalidad sobre el mundo. En el mundo no hay causalidad, ninguna en absoluto. Todo lo que percibes, demuestras y piensas que es así ahí fuera, viene de tu cabeza y lo proyectas sobre el mundo. Dentro del mundo no hay causalidad. Hay secuencia, pero la secuencia tampoco está en el mundo. Secuencia significa que tú percibes las cosas secuencialmente. Por lo tanto, proyectas que deben estar en el mundo. Pero es tu *percepción* la que es secuencial.

¿Cómo ocurren las cosas? Para empezar, la manera más rápida de llegar a la iluminación es enfocarse y notar que todo es absolutamente perfecto. Todo es exquisito, perfecto y hermoso tal como es, y las cosas ocurren como resultado de la realización del potencial. El potencial se realiza como una realidad perceptible. De modo que lo que estás observando siempre es el emerger de la potencialidad. El emerger de la potencialidad es que este brazo se eleve. Lo hace por sí mismo. Tú crees que hay un tú que lo está causando, pero tú no tienes nada que ver con ello. El brazo se elevó por sí mismo, espontáneamente.

Todo lo que está ocurriendo espontáneamente se debe al emerger del potencial a la realidad cuando las condiciones son favorables. Así operan las dinámicas no lineales cuando las condiciones son favorables. De modo que las condiciones tienen que ser favorables. Tú no haces que la flor crezca. Nunca he conocido a nadie que haya hecho crecer una flor. ¿Has conocido alguna vez a alguien que haya hecho crecer una flor? Gracias, Dios. Cuando plantas algo, te aprovechas de lo que acabo de explicar. Lo único que estás haciendo es establecer las condiciones favorables, como que haya luz del sol, agua y fertilizante. Pero la potencialidad está *dentro* de la semilla y se realiza dentro del mundo fenoménico, no como causalidad. No puedes *forzar* que la flor florezca.

Tenemos que librarnos de la idea de imperfección porque, aquí, la semilla tiene el potencial de convertirse en rosa. La rosa está medio desplegada. ¿Vas a decirme que esa es una mala rosa? ¿Una rosa defectuosa? ¿Que hay algún fallo en la rosa? No. ¿Ves? Lo que ocurre es que el potencial se actualiza, y la rosa se abre, y queda actualizada para tu percepción. No hay nada que esté causando que la rosa haga eso. No puedes obligar a una rosa a hacer nada. Lo hace por su cuenta, porque tiene, innata en su esencia, la potencialidad de manifestarse de ese modo dentro del dominio lineal. Todo lo que estás viendo son fenómenos dentro del dominio lineal.

La energía de la vida es no lineal, no definible. Ahora estoy trabajando en la resolución del juicio a John Scopes,[1] que guarda relación con el argumento de si la realidad se limita a lo lineal, o si continúa adelante para incluir lo no lineal. La razón por la que el juicio a John Scopes no se pudo resolver es que estaban hablando de dos paradigmas distintos. Digamos que los niveles de conciencia van desde uno hasta 1.000. La ciencia está dentro de los 400, y la realidad espiritual comienza a partir de los 500 y continúa hacia arriba. Hay dos paradigmas distintos. De

---

1. El juicio a John Scopes representa el enfrentamiento entre la ciencia darwinista y la teoría creacionista religiosa. (N. del t.)

modo que no puedes mezclar agua y aceite, porque son dos paradigmas diferentes. La ciencia no puede probar ni falsear la realidad espiritual, ni viceversa. Se trata de un paradigma diferente.

Lo que estoy intentando hacer es crear un paradigma que incluya a ambos, lo que nos muestra que simplemente estás pasando de un paradigma a otro. Este nuevo paradigma incluiría a ambas, la ciencia y la religión. Ambas son verdad y ambas son cien por cien verdad *dentro* de sus propios paradigmas. De modo que esperar que se pongan de acuerdo es ignorancia por ambos lados, puesto que cada una está viviendo desde un paradigma de la realidad distinto.

NIVELES SUPERIORES DE CONCIENCIA

Nosotros empezamos a estudiar diversas religiones, y a calibrar el nivel de películas, libros y programas de televisión, puesto que todo representa un grado mayor o menor de energía espiritual. Cuanto mayor es la orientación espiritual y el alineamiento con la verdad, más alta es la calibración.

Y así, tenemos esta escala calibrada de conciencia, y en realidad su mayor utilidad consiste en decir *sí* o *no sí*. Entonces puedes pensar: "Este maestro espiritual es íntegro y útil para mi vida". Y obtienes un *sí* o un *no sí*. O podrías decir: "Es demasiado pronto. Tal vez esto debería esperar". Y la prueba te dirá *sí* o *no sí*. El test se puede usar como guía, y los estudiantes espirituales que están verdaderamente comprometidos con la transcendencia del ego y con alcanzar los estados espirituales superiores lo encuentran muy útil.

Ese estado que llamamos iluminación ocurre en el nivel calibrado de 600. Cuando una persona entra en 600, entra en los niveles del amor. Primero el amor condicionado, después el amor incondicional. Más adelante muchos se interesan por los caminos espirituales, la meditación y las técnicas espirituales, y empiezan a practicarlas con una dedicación cada vez mayor. A medida que lo hacen, empiezan a experimentar la vida dentro de un contexto transformador y completamente diferente.

En la parte alta de los 500, que son asombrosos, uno se siente abrumado por la pura belleza de todas las cosas. La única realidad que existe es el amor. Solo hay amor, y todo lo que ves es amor. Todo lo que experimentas es amor y belleza. Amor, belleza y armonía, y lo milagroso empieza a ocurrir espontáneamente, y finalmente los milagros son continuos.

Muchas de las personas que han hecho *Un curso de milagros* entran en este estado de transformación. Vas conduciendo por la ciudad y piensas en una plaza de aparcamiento, y al llegar allí, hay una plaza esperándote justo delante de ti. De hecho, es la única plaza de aparcamiento, y cuando llegas, un coche sale y tú entras. Cuando comienza a ocurrir esto, lo comentas. Después de algún tiempo, empiezas a experimentar que la vida es así. Es el milagro continuo. Lo milagroso es constante y continuo.

En este estado, todas las personas se vuelven asombrosamente bellas y hermosas. Estás dentro del amor. No se trata de enamorarse de alguien concreto. Estás enamorado de todo y de todos, todo el tiempo. Y solo puedes ver la belleza y la perfección de todas las cosas.

Entonces, en la parte alta de los 500 puedes alcanzar el estado de éxtasis. Uno puede empezar a entrar en estados de un éxtasis increíble, como la apertura de un brillo dentro de su propia conciencia. El éxtasis es continuo. Llegado a este punto, ya no puedes funcionar en el mundo: es el éxtasis, tal como Ramakrishna lo describió. Recuerdo que yo pasé por él. Olvídate de funcionar en el mundo. Puedes danzar. Puedes danzar como una expresión de éxtasis exquisito ante la alegría de la existencia, pero no puedes funcionar.

Y entonces uno tiene que entregar eso a Dios. Cada paso a lo largo del camino de los niveles de conciencia consiste en entregar aquello que se presente a Dios. Finalmente, uno tiene que entregar a Dios hasta el estado de éxtasis. Y entonces toca el nivel 600, que es un estado de silencio infinito, dicha y de una profunda paz que está más allá del entendimiento. La paz de Dios está más allá de la paz psicológica y de la paz emocional. Es una dimensión distinta. Y en ese estado no tienes que comer, respirar o funcionar. Uno está lleno de dicha y sale del tiempo. En la tradición clásica se le ha llamado *satchitananda*.

Y si las cosas son favorables, el cuerpo será alimentado, se moverá y caminará por ahí, y sobrevivirá. Si las condiciones no son favorables a esta circunstancia, lo cual francamente es irrelevante, el cuerpo acabará cayéndose. De modo que aproximadamente el 50 por ciento de la gente que entra en el estado latente se va. En ese estado es muy evidente en tu conciencia que tienes permiso para irte. De hecho, puedes irte ahora mismo. Puedes dejar de leer. Tienes permiso.

Entonces, ¿qué es lo que va a mantener tu cuerpo en marcha? No hay necesidad ni deseos. Todo es completo y total. La dicha de este estado es que todo es completo. Así, a partir de ese momento, si el cuerpo sobrevive, en realidad ya no necesitas nunca nada. La gente pregunta: "¿Qué quieres?". Yo no quiero nada. "¿Qué necesitas?". Bien, yo no *necesito* nada. Ciertas cosas estarían bien, pero no las *necesito*.

Entonces uno es independiente del mundo. En realidad, lo que el mundo diga o haga es irrelevante. Llegado a ese punto, es imposible funcionar en ese estado. Lo que ocurre, si sobrevives, es que la mayoría de la gente se va. Lo preparan todo, dicen adiós y se van. Esto es lo que yo hice. Dejé la mayor consulta psiquiátrica del país y un estilo de vida muy elitista, y me fui a una ciudad pequeña. En el frigorífico podía haber un plátano, dos Pepsis, un trozo de queso, y eso estaba bien. ¿Qué más necesitas?

Capítulo 3

Conciencia espiritual

Ahora que tienes una comprensión más clara de cómo calibrar la verdad espiritual y el Mapa de la Conciencia, estás preparado para empezar a elevar tu nivel de conciencia espiritual a su potencial más alto.

En este capítulo, el doctor Hawkins te ofrece varias ideas para hacer exactamente eso. Entre ellas se incluye la renuncia a la búsqueda de la perfección; perseguir valores espirituales evolutivos en lugar de observar doctrinas religiosas; y ser agradecido, introspectivo y compasivo.

Tú no estás limitado por este mundo, y ni siquiera eres definible, mensurable o visible. Al examinar los niveles de conciencia en el cuadro, puedes ver cuál es tu valía espiritual.

Quieres transcender el mundo; es decir, estar en él, pero no ser de él, no estar limitado por él. Estar limitado por él es comprar todos sus programas. Si compras todos sus programas, vas a tener que correr por ahí comprando todo lo que esté a la venta, porque, si tienes éxito, tendrás nuevas alfombras y una casa nueva. Es imposible satisfacer todas las definiciones de lo que significa "tener éxito" en este mundo: deberías tener más amigos, ser más guapo, deberías medir un metro noventa.

Cuando te miras a ti mismo, siempre puedes encontrarte faltas; nunca te sentirás satisfecho. La cuestión está en ser feliz con lo que eres en este momento y saber también que eres un ser humano en evolución. Por lo tanto, no tienes que ser perfecto porque no se te exige que lo seas. Solo se espera de ti que hagas el mejor uso posible de las ventajas que tengas aquí, que aprendas, crezcas y ayudes a otros, y que seas amoroso y perdones. Y con eso ya estás haciendo todo lo que puedes hacer como ser humano.

CONVERTIRSE EN BUSCADOR ESPIRITUAL

Ahora hay menos gente religiosa y más gente espiritualmente evolucionada, cada vez hay más personas que se llaman a sí mismas espirituales en lugar de religiosas. Esto se debe a las desventajas históricas de la religión. Todas las religiones han vivido sucesos históricos que hipotéticamente las descalificarían. "¿Cómo pudieron cometer semejante error? ¿Cómo puedo creer en una iglesia que creyó en eso, o que hizo tal cosa?". Y entonces, la gente se llama a sí misma espiritual; este es el patrón más común en el mundo de hoy. Empiezan a seguir valores espirituales y a aprender de maestros espirituales, vivos o históricos.

La mayoría de los maestros espirituales tienen seguidores que están interesados en evolucionar y crecer, en madurar espiritualmente en sus niveles de conciencia. Y estos seguidores pueden quedarse ahí, con un maestro, o pueden ir a una serie de ellos. Hubo un periodo de tiempo en que fuiste un buscador espiritual, en el que fuiste a muchas conferencias de distintos tipos de maestros espirituales. Cada uno tiene algo valioso que puedes aprender de él: técnicas o maneras de mirar las cosas, o quizá había un punto ciego del que no eras consciente hasta que oíste cierta charla.

Así es como te conviertes en un buscador espiritual. En cierto sentido, ser espiritual significa buscar. Con la religión encontraste la respuesta. Ahora solo tienes que perfeccionar cómo aplicártela a ti mismo. La persona espiritual que dice "yo soy espiritual, pero no religioso", generalmente se convierte en un buscador. Va a diversas charlas, asiste a encuentros y retiros. Y escucha a distintos maestros, aprendiendo algo de cada uno. Cada maestro espiritual tiene algo. Y es posible que lo que tengan sea no verbal: el entusiasmo sutil que tienen por ciertos conceptos, etcétera. Y el buscador capta ese entusiasmo.

Cada maestro tiene algo que compartir y algo que se puede aprender de él. Así, la mayoría de los asistentes a mis charlas escuchan también a otros oradores distintos. Cada uno de ellos puede ser adecuado para según qué momento. Hay momentos en los que hacer retiros espirituales te puede servir de mucho, y hay otros momentos en los que eso solo es una manera de evitar las responsabilidades de la vida. Hay muchas cosas que tendrías que haber hecho en casa este fin de semana, pero, en cambio, has ido de retiro a Camp Baba. Cuando vuelves a casa, el césped sigue sin estar cortado, los niños siguen llorando igual y no los ayudaste con sus tareas. Cuando huyes, en realidad lo haces porque le encuentras alguna ventaja. La mayoría de estas cosas espirituales sirven a un propósito en ciertos periodos de tu vida. He notado que la mayoría de la gente, si quiere evolucionar, cambia de patrón a medida que avanza en la vida. Otras personas simplemente desarrollan un patrón perfecto y se quedan con él; se quedan con él toda la vida.

•••

Simplemente puedes sentirte agradecido por estar interesado en la dimensión espiritual…, eso ya es algo por lo que sentirse agradecido. Me refiero a que, ¿cuántas personas llevan una vida ciega? Calibran en 192 cuando vienen al planeta y siguen calibrando en 192 cuando se van. No hay cambio. De modo que, en realidad, han desperdiciado toda una vida, con las mismas actitudesególatras y avariciosas todo el tiempo. Buda dijo: "Raro es nacer como ser humano, aún más raro es haber oído hablar de la iluminación, y lo más raro de todo es haber oído hablar de la iluminación y dedicarse a su realización". Eso es lo más raro de todo. De modo que estar dedicado a la búsqueda de la verdad es el más raro de los dones posibles.

Como ser humano puedes deshacer el karma negativo y adquirir karma positivo. Y si usas sabiamente estas vidas en la tierra, puedes alcanzar la iluminación. De modo que siéntete agradecido de ser humano y de haber oído hablar de la iluminación.

•••

Sé introspectivo; no puedes caminar por ahí olvidándote ingenuamente de quién eres y del impacto que produces en la gente. De modo que necesitas cierto grado de autoconciencia y cierta capacidad de autocrítica: ser capaz de ver tu lado bueno, tu lado malo y tus limitaciones; aceptar la realidad de tu personalidad allí donde está; y ser introspectivo y reflexivo. Alguien sugiere algo, y tú dices: "Bien, tengo que reflexionar sobre ello". Significa que lo vas a tener en mente, y que posiblemente se te empezarán a revelar diversas facetas sobre el tema. Pero te olvidas completamente de ello, y de repente, mientras te estás comiendo un bocadillo de mantequilla, te das cuenta de que también tiene otros significados: cómo afecta a tu relación con los demás, a la realización de tus objetivos, a la limitación implícita de lo que sientes que no eres capaz de hacer, etcétera.

De modo que significado y realización, ambos se convierten en consecuencias de la reflexión. ¿Cómo es el dicho? "Una vida no examinada no merece ser vivida". Tenemos que ser conscientes y darnos cuenta. Muchas personas no se dan nunca cuenta de cómo influyen en los demás, inconscientes de sus puntos ciegos y conductas repetitivas. Cometen el mismo error durante décadas. Y te preguntas: "¿Por qué no han obtenido ningún *feedback* del mundo ni han reflexionado sobre eso?". Quizá esto tiene que ver con la capacidad de aprender constantemente a tener la mente abierta, de ser capaces de preguntar, y hacerlo con perspicacia. Tiene que ver con la capacidad de discernir y de observar. Y una de las cosas con respecto a ser médico es que necesitas *perspicacia*.

A lo largo de los años siempre era capaz de decir quién estaba llegando a mi consulta. Oía al siguiente paciente acercándose a la puerta y ya sabía si estaba mejor o peor que la última vez. De algún modo, el paso, el ritmo o su posición al entrar en la consulta decían mucho sobre esa persona. De modo que, con perspicacia, tienes que ser capaz de observar la menor alteración de las cosas. Pero hay personas que son completamente despistadas. Van caminando por ahí medio dormidas.

El interés en la evolución de nuestra propia conciencia —cómo ha evolucionado a lo largo del tiempo, cómo se expresaba antes— sigue estando presente en el mundo de hoy. Hay personas que todavía son místicos en este mundo, que hablan desde el Ser. La curiosidad lleva al aprendizaje. Así es como la pequeña ameba se mantiene con vida. Tiene que buscar constantemente en el entorno y encontrar algo que comer, o no seguirá aquí. La gente se vuelve adicta a la acumulación de conocimientos por los propios conocimientos. Y probablemente esta es una fase por la que la gente pasa, y antes o después uno comienza a darse cuenta de que los conocimientos tienen que ser puestos en práctica, además de estar familiarizado con ellos intelectualmente. Esto forma parte de la evolución de nuestra conciencia espiritual.

Primero acumulas información y, a continuación, la aplicas para experimentar su verdad por ti mismo. La gente a menudo comienza con la curiosidad intelectual, y compra casi cualquier libro que puede sobre espiritualidad. Yo mismo pasé por esa fase. Tenía toda una pared llena de libros sobre cualquier cosa que puedas imaginar: pseudoespiritualidad, verdadera espiritualidad, lecturas psíquicas, gente en el otro lado, canalizaciones, y Dios sabe qué más. Y el discernimiento fue surgiendo a lo largo de los años. De modo que existe esa curiosidad: una especie de asombro de que hay reinos de los que ni siquiera eras consciente. Puedes pasar por la escolarización normal y nunca llegar a ser consciente de que hay otra cosa que lo lógico, lo lineal y concreto. Y de repente tomas consciencia de la existencia de dimensiones enteras.

ENTREGAR O RENDIR EL PEQUEÑO YO

La voluntad personal está tratando de conseguir algo, un objetivo muy específico. Generalmente guarda relación con alguna sensación de ganancia, dominio o control. El mundo espiritual está más en el campo de la rendición. Ahora bien, la fuerza de la voluntad personal es equiparable al nivel de conciencia que tenga la persona. De modo que a veces la gente querrá lograr algo a través de la voluntad personal, y eso requiere mucho más poder que el de la voluntad personal. Digamos que vives en el nivel de conciencia 190, y ahora, a través de la voluntad personal, vas a intentar superar cierta dificultad, pero en ese nivel no tienes suficiente poder. Cuando te elevas al nivel de conciencia de 500, más o menos, tienes el poder suficiente para superar el obstáculo, pero tu motor no tiene suficientes caballos para hacerlo en el nivel de 190 en que estás ahora. Por lo tanto, lo que hace la gente es alinearse con un campo más poderoso.

Por ejemplo, examinemos la adicción. La adicción puede hacerte descender al nivel 90, y no tienes suficiente fuerza para rendirte por ti mismo a la voluntad de Dios. Una persona te lleva a un encuentro de Alcohólicos Anónimos, que calibra en 540. En el nivel de conciencia 540, otra persona te dice: "Bien, podrías soltar la adicción si quisieras". Y de repente te das cuenta de que es verdad. No se trata de si *podrías*, sino de si *quieres*. Cuando la gente tiene problemas para tomar decisiones espirituales, este es otro ejemplo que les doy. Alguien dice:

—No puedo perdonar de ninguna manera a mi ex cuñado por lo que me hizo.

—Ahora bien —les digo yo—, si tuvieras un revólver cargado apuntándote a la sien, y si no le perdonas van a hacer que el cerebro te salte por los aires, ¿podrías perdonarle?

—Oh, sí, sí que podría.

Entonces les digo:

—Bueno, esto diferencia claramente el *podría* del *querría*.

En la mayoría de los casos, lo que la gente cree que es un *podría* es simplemente que no *quieren*. No quieren hacerlo. Si estás dispuesto a perdonar, puedes perdonar cualquier cosa a cualquiera. Se trata de la voluntad. De modo que rendir la voluntad personal a Dios es importante. La voluntad divina calibra extremadamente alto, aproximadamente en 850. Tu voluntad personal, que calibra cerca de 190, es otra cosa. Cuando rindes tu voluntad a Dios, puedes lograr lo *milagroso*. No eres tú quien lo logra: has entregado el pequeño yo al gran Ser. El gran Ser cuenta con la voluntad de Dios para alcanzar sus objetivos, y por lo tanto es capaz de realizar milagros. Y cuando llegas a cierto nivel de conciencia, lo milagroso se vuelve continuo. Lo que la gente piensa que es milagroso en realidad se debe solo a nuestra inocencia.

Cuando llegas a cierto nivel —en torno a 570 o 580— lo milagroso se vuelve normal. Mantienes alguna cosa en tu mente y se manifiesta, y no te dices: "Oh, esto es asombroso". Así es como ocurre todo. Todo se despliega en función de cómo lo tienes en mente. Y esto se debe a que el Ser, con S mayúscula, puede lograr lo que el pequeño yo no consigue, aunque su vida dependa de ello. La gente lo intenta y llega a morir en el intento. No tienen poder. Porque la fuerza da lugar a una contrafuerza, pero la rendición te introduce en un contexto poderoso. Cuando dices:

—Dios mío, yo, por mí mismo, soy incapaz de hacer cierta cosa, y te pregunto si es tu voluntad que sea realizada.

A continuación, lo entregas; llegado a este punto, realmente lo entregas. No sigues insistiendo en que Dios lo haga o deje de hacerlo.

En este punto, *renuncias* a tu voluntad personal. Y eso que pensabas que iba a ser imposible, ahora se manifiesta de la manera más milagrosa e increíble. Y si juntas una serie de experiencias milagrosas, a un escéptico le costaría explicar esa serie de fenómenos. Y cuando aparece la fase de los *siddhis*, lo milagroso es innumerable, casi continuo. Uno puede preguntarse cómo explicar esto desde el punto de vista de la lógica de la persona de la calle y desde la simplicidad del pensamiento científico. ¿Cómo es posible que en toda la paradoja que es aparcar en la ciudad de Nueva York, se abra repentinamente una única plaza de aparcamiento justo cuando llegas tú?

Bueno, ocurrió así durante años. ¿Cuál es la probabilidad de que suceda esto? Prácticamente ninguna. Y a esto le siguió otra cosa. Fuimos siguiendo un fenómeno tras otro cuyas posibilidades estadísticas eran cero. Y cuando las juntamos —cero más cero más cero más cero— nos preguntamos cómo explicar estos fenómenos.

Podrías no saber adónde vas, empezar a conducir por una ciudad desconocida y llegar exactamente adonde querías ir, simplemente porque has tenido en mente ese lugar. Yo solía hacer esto todo el tiempo: simplemente tenía el lugar en mente. Estaba en Florida, con todos los lagos que no conocía, un lago tras otro, y llegaba exactamente adonde quería ir, sin mapa ni conocimiento del territorio.

De modo que este es solo un ejemplo, pero este tipo de cosas son continuas. Hay una fase en la que esto ocurre durante años, hay un despliegue continuo de estas cosas. Necesitas unos alicates, de modo que miras por la ventana de la furgoneta y no solo hay unos alicates allí, junto a la carretera, sino que además son *completamente nuevos*. Estás allí y te basta con estirar el brazo. Y ya ni siquiera te asombras, porque ahora la vida es así. Tienes hambre y, al dar la vuelta a la curva siguiente, encuentras una hamburguesería. Allí estás. La vida se convierte en una hamburguesería tras otra.

CONVERTIRSE EN EL TESTIGO

Es muy fácil ver que todo está ocurriendo espontáneamente, y que incluso tus pensamientos van totalmente por su cuenta. Piensas que tú decides lo que vas a pensar, pero no es así, de modo que te desapegas de tu proceso de pensamiento, lo mismo que te desapegas del mundo. Ves que el mundo que te rodea se mueve sin tu ayuda. Todas esas personas están consiguiendo sobrevivir sin que tú les ayudes a estar aquí, a moverse y a hablar. Y así, lo que haces es desapegarte y empezar a ser el testigo. Volverse el testigo no es un paso difícil; consiste únicamente en soltar la autoindulgencia narcisista de pensar que hay un *yo* que está causando las cosas. Nada está causando ninguna cosa. En el mundo no hay causas.

Solo hay consecuencias. Así dejas de identificarte con lo lineal y te das cuenta de que tu realidad es no lineal. Ves eso que está testificando y entonces, detrás de eso que está testificando, está eso que es consciente de que tú estás testificando. Ya te has retirado del mundo externo y del yo personal individual, y también de la culpa y la ansiedad de ser la causa de todo lo que pasa. Has entrado en un estado de humildad. Con profunda humildad verás que tú no eres la causa de nada, lo cual es una buena noticia porque también significa que no eres culpable de nada. Ocurre algo y te dices: "Yo no sé, la mente lo hizo. La mente lo hizo. No pude evitarlo, ¡la mente lo hizo!".

Así, para convertirte en el testigo, tomas conciencia de la espontaneidad de la evolución y empiezas a observar. Todos los fenómenos son la evolución de la creación. La creación tiene una fuente, pero no una causa; no tiene principio ni fin. Tú eres testigo del despliegue de la creación. No hay problema con la creación porque es lo que estás observando. El hecho de que todo está ocurriendo espontáneamente no es difícil de ver. Esta observación se le escapa al 99 por ciento de la humanidad.

Al menos el 99 por ciento de la humanidad es completamente inconsciente de esto. Y no estamos contando con la extendida aceptación de que tú eres el contexto más que el contenido. Tú eres eso desde lo que irradia la conciencia y desde lo que surge la conciencia. La fuente es la conciencia misma. La luz de Dios es conciencia. La luz de Dios es tu propia conciencia. Y a medida que sueltas la identificación errónea con lo que no eres, esto está cada vez más claro.

EL SONIDO DE DIOS ES SILENCIO

El silencio calibra en 1.000. El sonido de Dios es silencio. Para tener sonido, has de tener linealidad; tienes que tener eso que es sonido y eso que no es sonido, y después tienes que dar una configuración al sonido. Por lo tanto, los mantras y otras cosas como decir "om" te llevarán hasta cierto nivel. Y más allá de eso tomas conciencia del silencio *detrás* del sonido. El propósito del sonido es llevarte al silencio. Por eso, a veces repetir un mantra puede simplemente llevar a un estado alterado de conciencia, y el sentimiento elevado que tienes desaparece cuando dejas de repetirlo.

El sonido de Dios es silencio.

Los mantras tienen usos limitados. Pueden ser de ayuda en ciertos momentos, pero no puedes vivir toda tu vida como un mantra. Sin embargo, puedes vivir toda tu vida como una oración, porque la oración es una verbalización de una intencionalidad no lineal; rezas para convertir tu vida en una oración que te lleve a convertirte en eso, y eso que eres habla más alto que lo que dices. La esencia habla más alto que la percepción. Los niveles de conciencia no dicen que tú seas mejor que otros. No es una cuestión de ser mejor, pero, debido a que nuestra sociedad está orientada hacia el estatus, decimos que es mejor. No es mejor, es diferente. Y, con mucha frecuencia, estar en un estado de conciencia diferente, que no es apropiado para el lugar donde te encuentras, puede ser un obstáculo.

No es tan genial estar en éxtasis mientras conduces. Tienes que parar y salir de la carretera. De modo que tienes que estar en el estado que sea apropiado para cada situación. Esto comienza a ajustarse automáticamente. Es verdad que, si de repente saltas a un estado elevado, puedes quedarte muy incapacitado, de modo que es conveniente tener amigos espirituales, estar con gente espiritual e informarles de que vas en serio por el camino espiritual.

ELEVAR EL NIVEL DE CONCIENCIA DE LA HUMANIDAD

La gente cree que lo que importa es lo que haces, lo que dices o cómo te comportas. No, eso son las *consecuencias* de lo que eres. De modo que lo que eres, aunque te sientes solo en una cueva, influye en el nivel de conciencia de la humanidad. Incluso si te sientas solo en una cueva, tu energía irradia hacia fuera. Por tanto, la contribución de cada cual eleva el nivel del mar. La gente me pregunta: "¿Qué puedo hacer para ayudar al mundo?". Lo mejor que puedes hacer es realizar completamente tu potencial, porque cada centímetro que asciende el mar eleva a todas las naves que flotan en él. Por sí mismo, nadie tiene suficiente fuerza para elevar una nave, pero sí si todo el mundo contribuye.

De modo que cuando todos nos alineamos con la integridad espiritual, a fin de ser tan incondicionalmente amorosos como podamos, entre todos elevamos el nivel del mar. Y al elevar el nivel del mar, elevamos a todos lo que están en él. Por lo tanto, hacemos lo posible para elevar el nivel de conciencia de la humanidad, y nuestra aportación tendrá su influencia.

Cuanto más alineado estés con la realidad espiritual, la integridad, la verdad y el amor universal, más profundamente estás influyendo en el mundo sin necesidad de hacer nada. Por supuesto, hacer cosas buenas funciona. No hay nada malo en ello. No me refiero a eso. Pero, en y por sí mismo, eso que eres y eso en lo que te has convertido es lo que verdaderamente está influenciando al mundo.

Cuanto más alineado estés con la realidad espiritual, la integridad, la verdad y el amor universal, más profundamente estás influyendo en el mundo sin tener que hacer nada.

•••

Estar dispuesto a entregar tu manera de ver las cosas comienza a transformar cómo ves y experimentas la vida. En lugar de estar enfadado y de condenar a otros, ves que la gente no puede evitar ser como es. Digamos que hay unos adolescentes tirándose piedras unos a otros y provocando que los detenga la policía. Empiezas a ver que no pueden evitarlo. A medida que vas profundizando más, empiezas a darte cuenta de la inocencia básica de la conciencia humana. La conciencia misma es como el componente físico de un ordenador, y el ego es el programa informático. La conciencia es incapaz de distinguir entre verdad y falsedad. No puede decir si está siendo programada con algo falso, como hicieron los nazis con la juventud alemana, o si el programa es verdad.

Entonces entiendes por qué Cristo y Buda dijeron: "Perdónales, porque no saben lo que hacen". El componente físico del ordenador no queda alterado por los programas informáticos. La conciencia de la juventud es inocente. Entonces es posible mirar con compasión a esos chicos que tiran piedras. Puedes ver que, de algún modo, han sufrido abusos. Son víctimas de abusos espiritualmente. Y debido a la inocencia de la conciencia humana, a su incapacidad de discernir entre verdad y falsedad, a la humanidad se la lleva por el camino de la falsedad.

Podemos pensar en los jóvenes de la Alemania nazi, que eran patrióticos. Es como ir a un campamento de los *boy scouts*: se sentaban alrededor del fuego de campamento cantando canciones, salían de excursión y hacían todas esas cosas por su país, por el *Führer*. ¿Cómo podrían haber creído otra cosa que lo que les dijeron? Si nosotros hubiéramos estado allí, habríamos hecho lo mismo. ¿Ves la inocencia? De modo que empezamos a ver la inocencia básica de la conciencia humana, y eso nos permite perdonar a todos. Ves que todo el mundo está siendo dirigido por los programas con los que ha sido programado. ¿Qué otra cosa podrían pensar? La gente cree lo que dicen los medios de comunicación porque la televisión te llega de manera inmediata; ya te lo has creído antes de tener la oportunidad de examinarlo o cuestionarlo.

La mente queda programada. Así, vemos que, por una parte, el ego sobrevive sacando jugo a la negatividad; por otra parte, no puede evitar hacerlo. No puede evitar ser lo que es. Y sin el poder de la verdad espiritual es incapaz de transcenderse a sí mismo. El valor de la verdad espiritual es que, sin ella, nadie transcendería el ego. La fuente de su existencia está en los grandes avatares, en los que han alcanzado la realidad. Así se crea el poder del campo, y la gente deriva inspiración del poder del campo para poder transcender sus limitaciones.

Entonces entendemos que, básicamente, la conciencia humana es inocente, no distingue entre verdad y falsedad. La razón por la que tuve que escribir el libro *El poder frente a la fuerza* es que este hecho me conmovía: el ser humano nunca ha tenido la oportunidad de distinguir entre verdad y falsedad. Lo máximo que el ser humano ha logrado es emplear el intelecto y acabar en el nivel de conciencia 460, lo que te deja atascado en medio de la mente y sus dualidades, y por lo tanto la guerra y el odio están destinados a persistir indefinidamente. Sin la energía espiritual y la verdad que le permita transcender, la mente se encuentra atrapada sin esperanza en su propia red. Y obtiene compensaciones de estar atrapada, así que sigue dando vueltas y vueltas, rumiando; así consigue su compensación. Por lo tanto, este estado de atrapamiento se propaga a sí mismo.

Sin ayuda, sin la verdad espiritual externa, el ego seguirá dando vueltas eternamente persiguiendo su propia cola. Cada persona, a medida que hace lo que cree que es su trabajo espiritual personal, está ejerciendo una influencia en la totalidad del campo. El nivel de conciencia prevaleciente de la humanidad progresa como consecuencia del esfuerzo espiritual colectivo de todos nosotros. Cada elección, cada decisión espiritual que tomamos, reverbera en todo el universo. Como se dice en las escrituras: "No hay ni un pelo en tu cabeza que no esté contado". Y con la prueba muscular descubrimos que esto es un hecho. Cualquier cosa que cualquiera haya hecho, pensado, sentido —cada decisión que se haya tomado alguna vez— queda registrada para siempre en el campo de la conciencia.

Las personas que dicen que no creen en el karma pueden seguir haciéndolo si consideramos al karma como un sistema de creencias. Pero todavía les queda por explicar cómo es que todos los fenómenos que han ocurrido a lo largo de la historia quedan registrados para siempre. ¿Cómo explicas que cada entidad que nace en este planeta ya tenga un nivel calibrado de conciencia? Por lo tanto, no hemos surgido de la nada, sino de algo. ¿Y qué es ese algo de lo que todos salimos y a lo que todos retornamos? Eso nos saca de la limitación del marco temporal del presente. Y empezamos a ver esta vida de experiencias dentro de una dimensión más grande, y las realidades espirituales que surgen al contemplar tales cosas impulsan nuestra investigación de la verdad, que es el propósito de este trabajo.

En primer lugar, quería presentar el panorama completo de la conciencia: su evolución, cualidad y naturaleza, y cuáles han sido las aproximaciones a ella a través de la ciencia, la razón, la lógica, la filosofía, la ética, la teología y la religión. ¿Cómo ha evolucionado en la humanidad, cómo se manifiesta a sí misma y qué parte desempeña en nuestra vida cotidiana? La fuerza requiere energía y agota a la gente. Las personas solo podemos ejercer la fuerza hasta cierto punto, y después empezamos a colapsar. El poder, por otra parte, no se agota a sí mismo. De hecho, cuanto más se usa, más poderoso parece ser. Por ejemplo, si experimentamos con perdonar a otros y estar dispuestos a amar, y a amar incondicionalmente, descubrimos que esta capacidad aumenta.

Al comienzo, puede parecer difícil amar eso que parece indigno de amor, pero si nos dedicamos a ser y a estar de esta manera en el mundo, descubrimos que va siendo cada vez más fácil. Vemos que, con la fuerza, cuanto más das, menos tienes. Pero, con el poder, cuanto más das, más tienes. Así, cuanto más amorosa es una persona, más amoroso se vuelve el mundo. Empezamos a experimentar el mundo como nuestra propia creación. Algunas personas dicen: "Vas a la ciudad de Nueva York y allí son todos tan fríos y horribles. Detesto la ciudad de Nueva York; todos son muy rudos". Y otra persona va a Nueva York y dice: "Dios mío, han sido las personas más maravillosas, todas las camareras y los taxistas han sido tan amables..., ¡es un lugar increíble!". Bien, esto se debe a que, en presencia del amor, precipitamos el emerger del amor en otras personas. Y cuando no somos amorosos, tendemos a sacar a la luz el lado negativo de su naturaleza.

Vemos que, con la fuerza, cuanto más das, menos tienes. Pero, con el poder, cuanto más das, más tienes.

Por tanto, lo que estamos experimentando es el tipo de mundo que precipitamos. Una muestra virtual de aquello en lo que nos hemos convertido.

•••

El contraste entre el poder y la fuerza se muestra dramáticamente en el ejemplo histórico del imperio británico frente a Mahatma Gandhi. Mahatma Gandhi, como sabes, era un asceta hindú. Y si calibras a Gandhi, estaba por encima de 700. En el tiempo en que se enfrentó al imperio británico, este era la mayor fuerza que el mundo había conocido. Gobernaba una cuarta parte del mundo, un tercio del planeta y sus mares.

Cuando yo estaba creciendo, todavía era el gran imperio británico, en el que nunca se ponía el sol. Pues frente a ese imperio se alzó un pequeño hindú de cuarenta y cinco kilos de peso, piel y huesos, y se enfrentó al gran león que gobernaba un tercio del planeta. Lo interesante es que Mahatma Gandhi, sin hacer nada —de hecho, simplemente *diciendo* que iba a dejar de comer, y que, si no les gustaba, ayunaría hasta la muerte— hizo temblar al mundo. Al estar en 700, Gandhi mantuvo su palabra. Bien, 700 es un poder enorme, extremadamente raro en el planeta. Se enfrentó con el imperio británico, que con su orgullo y autointerés calibraba en 190.

Y sin disparar un solo tiro, Gandhi derrotó a todo el imperio británico y lo desmontó, y llevó al colonialismo a su fin. Derrotó no solo al imperio británico, sino al colonialismo *per se*, y el autogobierno se convirtió en el sistema político dominante en el mundo. Así, lo que Gandhi representa es la influencia del poder. El poder no *causa* cosas; se puede decir que la fuerza causa cosas dentro del paradigma newtoniano. El poder *influye* en las cosas.

Ahora bien, ya sabemos que un *quark* va a surgir en función de la densidad del medio en el que se encuentre. Lo que ocurre es que, mediante la oración y la evolución espiritual, la humanidad crea un campo muy poderoso. Este campo, esta realidad espiritual, comenzará a elevar y a afectar a toda la humanidad. Afecta a todo el paradigma de la realidad y sus valores. Y así, como he dicho antes, la integridad se está convirtiendo en un valor predominante en nuestra sociedad; se habla continuamente de ella en los medios. Tenemos un nuevo sistema de valores. Ahora bien, esto no lo ha traído el mecanismo de la fuerza. Nadie ha obligado a los medios a empezar a valorar la integridad, esta ha emergido como un valor social. No como un valor espiritual, sino como un valor social.

Todos vivimos según nuestros principios. Entonces, el crecimiento espiritual significa plantearse: ¿Qué principios guían mi vida? Y a medida que crecemos y maduramos, elegimos distintos principios. Algunas personas siguen el principio de "tener siempre la razón, nunca dar descanso a los pringados". La gente se manifiesta y declara cuáles son sus principios. A veces, parecen estar muy fuera de lugar, pero puedes decir que la persona es íntegra en la medida en que los sigue. En esa medida, está siguiendo aquello con lo que se ha comprometido. De modo que yo respeto aquello con lo que la gente se compromete, y pienso que, si viven según sus principios, están siendo virtuosos según su propia definición. Hasta cierto punto, los niveles calibrados de conciencia reflejan en qué medida seguimos nuestra elección espiritual declarada.

Podríamos decir que el karma o destino espiritual— el nivel calibrado de conciencia— es consecuencia de la libertad de elección espiritual. De modo que tenemos libertad de elección a cada momento, pero esta libertad nos parece oscura. Parecemos estar dirigidos por programas. Y una de las razones por las que intentamos transcender el ego es que no queremos estar a expensas de sus efectos. Nos gustaría que la mente se detuviera el tiempo suficiente para que pudiéramos deliberar y hacer una elección. Y por eso, a menudo hacemos algo con rapidez y después lo lamentamos, nos queda una sensación de resentimiento pensando: "Vaya, en realidad no me he tomado un momento para pensármelo más detenidamente".

Nuestras elecciones espirituales tienden a determinar qué dirección elegimos cuando surge el momento. Si no fuera por el silencio de la conciencia, no podrías saber qué estás pensando. Debido al silencio del bosque puedes oír sus sonidos. Debido a que la mente está en silencio, puedes oír, ver o representar lo que estás pensando. Por lo tanto, el contenido de la mente debe seguir adelante en el espacio de no mente, que es un término clásico, y hace referencia a la conciencia sin forma ni pensamientos, en la que estos se reflejan. Así, retiramos nuestra inversión, preocupación e identificación con el contenido del pensamiento y empezamos a ver que somos el espacio en el que el pensar puede ocurrir.

Por tanto, el valor de la meditación es que nos lleva a retirar nuestra inversión en la identificación con el contenido del pensamiento y a identificarnos con el espacio en el que ocurren los pensamientos. Empezamos a ver que hay un *testigo* del pensamiento. El testigo tiene una conciencia, y hay un sustrato que subyace a todo lo anterior que está más allá del tiempo, más allá de la dimensión, y es independiente de la identificación personal. La identificación con la conciencia misma nos eleva, sacándonos de la identificación de nuestra realidad con el cuerpo o la mente, los pensamientos o los sentimientos, y llevándonos a una dimensión más grande.

A medida que entramos en esta dimensión mayor, confirmamos la realidad espiritual que subyace a la existencia. Las personas se involucran con el trabajo espiritual a nivel práctico. Quieren saber: "¿Cómo puedo perdonar a mis enemigos cuando les odio tanto después de todo lo que me han hecho? ¿Cómo puedo sentir esperanza cuando estoy tan deprimido? ¿Cómo puedo librarme del miedo cuando estoy atemorizado todo el tiempo?". Todo comienza a un nivel muy práctico. Otras personas empiezan a otro nivel. Parten de la inspiración. Oyen a un orador inspiracional y se sienten elevadas.

Uno también puede partir de la curiosidad; o puede empezar debido a la evolución espontánea de su propia conciencia. Creo que las personas espiritualmente evolucionadas inspiran a otras a salir de su nivel de conciencia. Como influyen en el campo, hay personas que normalmente no se habrían interesado por la espiritualidad, y de repente sienten curiosidad: no a través de un impulso interno, sino como consecuencia del campo. De modo que, si estás cerca de personas más evolucionadas espiritualmente, tal vez descubras que tu propio interés por la espiritualidad se vuelve más intenso de manera espontánea. No hay una toma de decisiones, simplemente resulta más interesante. Es como cuando estás rodeado de gente que se dedica al deporte: tiendes a interesarte más por él, a escuchar más.

Cuando a la gente le ocurre algún tipo de desastre en la vida —y estamos oyendo continuamente sobre enfermedades, o las drogas, o el alcohol, o la criminalidad, o penas y pérdidas— quieren saber qué pueden hacer al respecto. Estar dispuesto a entregar la propia vida a Dios es, obviamente, una de las herramientas espirituales más profundas. La gente pregunta: "¿Qué herramientas espirituales son las más poderosas?". Yo diría que la humildad, estar dispuesto a entregar la vida —soltar el intento de controlarla, soltar el deseo de cambiarla—, estar dispuesto a entregar cómo ves las cosas a Dios —o a algún principio espiritual superior, porque, para la mayoría de la gente, Dios no es una realidad sino solo una palabra—.

Para la mayoría de la gente, Dios es una realidad en la que tienen esperanza, pero no es una realidad experiencial hasta que avanzan más espiritualmente y empiezan a experimentar la presencia del campo mismo, e intuyen su enorme poder. Entonces reverencian a Dios porque respetan el poder infinito que comienzan a intuir. Por tanto, lo que podemos hacer a nivel práctico es convertirnos en la mejor persona que podemos ser. Yo diría que se trata de mostrarse bondadoso con la totalidad de la vida en todas sus expresiones, en todo momento. Y eso nos incluye a nosotros mismos: estar dispuesto a perdonarse a uno mismo, a ver las limitaciones de la conciencia humana.

Siempre siento que cuanto más educado estás con respecto a la cualidad de la conciencia, a la naturaleza de la conciencia, más fácil resulta seguir los principios espirituales. Si entiendes que la conciencia humana es intrínsecamente inocente y no puede controlar aquello que la programa, porque no puede distinguir entre verdad y falsedad, empiezas a sentir compasión automáticamente.

Capítulo 4

Obstáculos al crecimiento espiritual

Con frecuencia, cuanto más intenta uno seguir el cami-no espiritual, más siente que no llega a ninguna parte, que está siendo empujado continuamente hacia abajo por las preocupaciones del mundo o por el sentimiento de desolación y de haber sido abandonado por lo divino. En este importante capítulo, el doctor Hawkins comenta estos obstáculos al crecimiento espiritual para que pue-das identificarlos, superarlos o evitarlos, y regresar así al camino. El doctor Hawkins comienza comentando que seguir a maestros espirituales falsos, que prometen des-velar secretos desconocidos, puede ser uno de los mayo-res obstáculos a la verdadera sabiduría espiritual.

Ahí fuera hay mucha ficción espiritual. De hecho, los libros espirituales que más venden son todo ficción. *El código Da Vinci*, por ejemplo. Hay todo tipo de personas con poderes psíquicos que cuentan historias sobre el fin del mundo o el código de Dios oculto en los genes. La

OBSTÁCULOS AL CRECIMIENTO ESPIRITUAL

verdad espiritual no es invisible ni está codificada. Está completamente desnuda y abierta. No tendría sentido ocultar los secretos. ¿De qué tipo de secretos estás hablando? No hay secretos que ocultar.

La verdad espiritual es transparente. Para acceder a lo que está velado, a lo encubierto y misterioso, tienes que pagar dinero. "¡El secreto místico de los antiguos! ¡Dame 500 euros! ¡Susurraré el secreto de la vida en tus oídos!". Y repite este mantra al mismo tiempo: "Oom boom boomy boom. Oom boom boomy boom". Puedes ver que el motivo es obtener beneficios. La verdad espiritual no tiene nada que ganar con su promulgación. Ni siquiera le importa si estás de acuerdo con ella o no. Cualquiera puede repudiar las cosas que yo digo, y ciertamente esa es su opción. No la discuto. No hay cualificaciones; no tienes que ser nada ni que probar nada. No tienes que pagar nada. No tienes que firmar nada. No tienes que justificar. No tienes que demostrar que tienes algún derecho o reivindicación.

La verdad espiritual es transparente.

Un verdadero maestro espiritual te *libera* y los denominados charlatanes tratan de atarte. Tratan de adueñarse de ti, de controlarte, de decirte qué hacer. La verdad espiritual se da libremente. No es provisional ni está sujeta a condiciones, ni a quien la cree ni a quien deja de creerla, o a si es probable o improbable, porque lo que el mundo considera probable no lo es. No está alineada con ninguna cosa en particular. No tiene que existir aquí o allí, ni que estar en la cima de una montaña, como si solo pudiera haber una orden sagrada en la cima de una montaña a tres mil metros de altura.

RELIGIONISMO Y LOS PELIGROS DEL EGO NARCISISTA

Muchas personas piensan que son religiosas y en realidad lo que están practicando es el *religionismo*. Actualmente, el principal problema religioso es que deificamos a la religión más que a Dios. Ahora la palabra impresa o la enseñanza de un maestro transcienden a la divinidad misma. Descubres que no estás adorando a Dios; descubres que la gente adora a la religión más que a *la verdad de la religión*. En el nombre de la religión tienes la inquisición. El religionismo acaba convirtiéndose en su propio opuesto.

Sabemos que si añades *-ismo* al final de cualquier área de conocimiento, cae automáticamente a 190, pues se posiciona con una ganancia narcisista. De modo que tienes que imponer el medioambientalismo, tienes que imponer el liberalismo, tienes que imponer el conservadurismo. En cuanto se trata de un "ismo" —militarismo o antimilitarismo— se convierte en una cruzada, y todo el mundo quiere montarse en ese tren y salir por televisión mostrando una pancarta. La vanidad del ego narcisista no conoce límites.

•••

Gracias a la educación, entiendes cuáles son las limitaciones del ego, e inicialmente eso te da cierto grado de humildad. Para empezar, te das cuenta de que tienes la suerte de tener alguna idea sobre qué es la realidad, porque el ego está empeñado en desplazarla con sus propias percepciones que proyecta sobre el mundo. Es casi imposible ver la realidad del mundo porque hay mucha proyección. En primer lugar, los medios de comunicación, a través de lo que seleccionan, ya introducen prejuicios en ti. Dicen: "Oh, esto es importante, por eso sale en las noticias de la noche". Y cosas que son mucho más importantes *nunca* salen en las noticias de la noche. Solo lo trivial sale en las noticias. Lo profundamente importante no interesaría a la gente.

¿Cómo llegan a sus conclusiones y las ejecutan los grandes constructores de este mundo? Merecería la pena examinar eso en lugar de las últimas trivialidades y diversiones tontas que acostumbramos a ver. ¿Cómo piensan las grandes personas, por qué llegan a esas conclusiones y cómo es posible contextualizarlas de modo que las entendamos? Llegar a entender el mundo que vemos sería muy interesante, pero muchas personas no están interesadas en mirar más allá de las apariencias. A mí siempre me interesa la esencia de las cosas. Ya conozco la apariencia: puedo poner las noticias y verla por mí mismo. Pero, ¿cuál es la esencia de eso? ¿Es la ingenuidad? Con mucha frecuencia lo es.

La humildad espiritual es una actitud que yo mismo cultivo. Mi mente, en y por sí misma, no es capaz de discernir la verdad última. Por eso los grandes avatares vinieron a revelarnos lo incognoscible. Y sentirse agradecido todo el tiempo es una actitud de humildad. Puedes simplemente estar agradecido de que te interese la espiritualidad, y decirte a ti mismo: "Me siento agradecido de que me interesen estos temas. Me siento agradecido de haberme topado con buenos maestros a lo largo del camino. Me siento agradecido por las experiencias de vida que se me han presentado y que me han revelado verdades".

Debes entender que la humildad es un posicionamiento. Das un paso a atrás y te dices: "Yo mismo soy incapaz de comprender esto completamente". Y pides constantemente una revelación. De modo que tu posición ante Dios es como un mudra. Tu posición ante Dios es como el yin. Das un paso atrás y dices: "Me rindo a ti, oh, Señor, y pido saber cuál es tu voluntad en este asunto". Y entonces te rindes a lo que parezca más alineado con la divinidad.

● ● ●

Todos los sentimientos negativos están vinculados entre sí. Quieres algo porque no te sientes pleno. Si algo se interpone en tu camino, te enfadas. Ahora te sientes frustrado, y te das cuenta de que, si consigues lo que quieres, vas a sentirte orgulloso. Pero si te enorgullece ser propietario de algo, vas a empezar a temer que alguien te lo quite, o que no puedas conseguirlo. Y si lo tienes, te enorgulleces. De modo que una cosa lleva a la otra. Te enfadas porque alguien está interfiriendo. Todos los sentimientos negativos se basan en el mismo engaño. Y el engaño es que la fuente de la felicidad está fuera de ti.

Cuando consiga ese título, cuando consiga ese coche, cuando tenga ese trabajo, cuando obtenga ese ingreso, cuando consiga eso —siempre hay un *conseguir*— cuando consiga esa relación, cuando consiga ese reconocimiento, cuando salga en ese programa de televisión, cuando salga en las noticias de la noche, seré alguien. Siempre se trata de conseguir algo. Si algo se interpone en tu camino hacia conseguir eso, te enfadas con ello, lo odias y quieres destruirlo. Cuando ves que una cosa lleva a la otra, entonces, si no consigues algo, te sientes culpable, te culpas a ti mismo y sientes que no vales nada. Y entonces te deprimes.

Todos los sentimientos negativos se basan en la suposición de que lo que necesitamos está fuera de nosotros. Te consideras a ti mismo incompleto. Cuando sea famoso, cuando tenga una educación, cuando sea mayor, cuando sea más rico, cuando... entonces seré feliz. Digas lo que digas, siempre pones la realización lejos, en el futuro. De modo que siempre estás pasando de incompleto a incompleto, porque *eres* incompleto. Y cuando consigues lo que quieres, siempre hay alguien mejor. Conocí a mucha gente inmensamente rica en la Costa Este. Y siempre decían: Por grande que sea tu yate, otro más grande atracará a tu lado.

Es una carrera sin fin, y es muy cómica de ver. Las personas que son muy ricas y que lo han sido durante algún tiempo, viven vidas muy simples, a excepción de en los eventos públicos y las fiestas.

Conocí a muchos multimillonarios, y con frecuencia heredaban una gran propiedad —cuarenta acres con una casa enorme como un castillo y un montón de edificios— y cuando iba a visitarles, estaban viviendo en una de las casas de los sirvientes. Había una casita allí fuera, y vivían en ella. ¡La gente más rica de Estados Unidos! Solía vivir al lado de uno de ellos, y su casa tenía tres pisos. Le pregunté:

— ¿Qué hay allí arriba, en el tercer piso?

— No lo sé —me dijo—. Nunca he estado allí.

Generalmente se quedaban en dos o tres habitaciones de esa casa gigantesca, la casa familiar: una cocina, un salón y un dormitorio. Y allí vivían el 99 por ciento del tiempo, excepto cuando llegaba la nieta y celebraban una fiesta de cumpleaños. Y entonces hacían la fiesta en el jardín, pero normalmente vivían en un pequeño rincón de la casa.

¿Qué vas a hacer en el tercer piso contigo mismo y un montón de muebles magníficos? Tú y un montón de antigüedades, y una vista maravillosa... una vez que has mirado por la ventana y has contemplado la magnífica vista, ¿qué vas a hacer? Vuelves abajo, a la cocina, y miras la televisión, pones los pies encima de la mesa y echas leña al fuego, lo mismo que hacen los sirvientes. Es cómico.

REINOS Y DIMENSIONES PARANORMALES

Recto y estrecho es el camino. Puedes pasarte varias vidas deambulando por el mundo de fantasía de los psíquicos y canalizadores, y gente así, el mundo de las cartas del tarot y de las lecturas de las hojas de té. Generalmente, son un callejón sin salida. Alguna entidad del otro lado te habla sobre toda una nueva dimensión. Y lo siguiente que sabes es que estás completamente involucrado con esa dimensión. Muchas dimensiones tienen dioses con nombres extraños y diversas jerarquías. Y muchas veces, por un dinero adicional, te trasladan a un nivel jerárquico más alto. Por otros 5.000 euros te presentan al maestro tal y tal en un nivel diferente, que te dará algunos poderes mágicos.

Todo ello resulta muy seductor. Lo que está siendo seducido es la curiosidad inocente del niño. Por 5.000 euros elevan tu nivel de conciencia cien puntos por hora. Y por 50.000 te garantizan que estarás iluminado en seis semanas. Supongo que a la gente le gusta darles dinero porque lo que ofrecen todavía les atrae. Cuando te das cuenta por primera vez de que hay algo más que lógica en el mundo fenoménico, el niño en ti exclama: "Oh, eso es genial".

No estoy diciendo que lo paranormal no exista, pero las escrituras dicen que no vayas allí. ¿Por qué? Porque estás lidiando con otros reinos, y no tienes educación ni sofisticación ni conciencia de las reglas y leyes que operan allí.

Los ángeles temen entrar allí. ¿Por qué lo harías tú? Se trata de curiosidad mórbida. ¿Quieres ver cómo es el infierno? No vas a poder verlo sin quemarte. Yo aconsejo a la gente: no vayas allí. No te dejes tentar por el drama asociado a esas experiencias. Si tienes que escalar la montaña más alta, toma nota de que 176 personas ya han muerto en el intento. A ti te puede pasar lo mismo. Puedes salir del cuerpo y visitar otras dimensiones. Pero no estás equipado para ir allí. No sabes nada de quién es quién allí, y en cuanto llegas eres una víctima inocente. Cartas del tarot, tableros Ouija, lecturas psíquicas, echar las runas, todas ellas son formas de magia. La magia pone en trance al niño en nosotros.

Yo le digo a la gente que no intente calibrar energías bajas. Serás atraído hacia eso que es malvado y demoníaco, y empezarás a intentar calibrarlo, porque tu péndulo es golpeado por esa energía. A propósito, uno de tus campos de energía y de tus chakras puede quedar invertido. No juegues con ello. El péndulo no es un juego, y como en cualquier tipo de adivinación, no debe hacerse por deporte. Muchas personas juegan con la adivinación y no volvemos a saber de ellas. No se lo recomiendo a la gente porque implica satisfacer una curiosidad tan hipotética que no guarda relación alguna con su destino espiritual. En otras palabras, simplemente estás preguntando a partir de la curiosidad ociosa. Y, al hacerlo, a menudo estás jugando con energías muy negativas. Estás tratando de jugar con lo negativo pensando que no te vas a quemar. Eso no va a ocurrir. Conozco a mucha gente que ha utilizado los péndulos, empezaron a investigar otras dimensiones, y entonces estallaron y se volvieron psicóticos.

Con el tiempo, muchas de las personas con poderes psíquicos acaban siendo falsas. Hay una cerca de donde vivo que hace todas las cosas típicas de las sectas. Dice a la gente cómo han de vivir, hace que se vinculen con él, les dice cómo llevar su vida sexual. Hace que le den todo su dinero. Y una cosa que notarás con respecto a estos líderes de sectas es que el sexo está prohibido para los seguidores, pero no para el líder. Bueno, por supuesto, él tiene derecho a irse a la cama con quien quiera, y después citar a una entidad del otro lado. La falacia de todo el proceso es tan transparente para una persona sofisticada, pero, para la persona que queda atrapada en ello, todo este galimatías hace que el niño interno sufra un lavado de cerebro. Y, por supuesto, si miramos como ejemplo lo sucedido en Jonestown, nos preguntamos: ¿Cómo es posible que mil adultos cuerdos se suicidaran al mismo tiempo? ¿Cómo pudo ocurrir?

Las sectas son peligrosas porque tienen la capacidad de lavar el cerebro a la gente. Un maestro debería liberarte, no atarte. No deberías estar atado a un maestro. Al contrario, deberías ser *liberado* por el maestro. No le debes nada al maestro en absoluto, excepto mostrarte educado y escuchar si lo deseas. No estás atado, no estás en deuda, no estás obligado. Un verdadero maestro no trata de controlarte ni de que le transmitas tus activos financieros. La otra cosa que hacen los falsos maestros es teatralizar, con lo que me refiero a escenificar grandes exhibiciones, con túnicas elegantes, séquitos y grandes maravillas, con edificios y todo, para impresionarte con su importancia. También tratan de impresionarte con el número de seguidores, como aquel que tenía 10 millones de seguidores en India, o algo así.

Yo calibré al tipo que tenía 10 millones de seguidores y resulta que calibra en 140. De modo que somos como *lemmings* que están siendo llevados a caer por el precipicio. Adolf Hitler también tenía 40 millones de seguidores que le adoraban, calibraba en 90 y casi destruyó Alemania y la mayor parte de Europa. El hecho de que alguien tenga muchos seguidores no significa nada en absoluto. Además, algunos maestros empiezan su andadura siendo íntegros, alcanzan un lugar elevado y después caen. Esto es otro aspecto del que la persona inocente no se da cuenta; el maestro calibraba en 570, pero ahora está en 190.

Siempre enseño a los alumnos que, antes o después, van a convertirse en profesores. Y cada uno de los niveles de conciencia tiene sus desventajas y sus trampas. Una vez que te conviertes en profesor, se presenta la seducción del glamur; de ser un ídolo; de que la gente te diga que te quiere; de la seducción sexual; y de la atracción del dinero, la fama y el poder sobre mucha gente. Por lo tanto, muchos son los gurús que comenzaron a ascender por el camino y después cayeron. Media docena o más han aparecido en televisión o en Internet. En un momento dado, estuvieron en un lugar elevado.

Creo que los maestros deberían enseñar esto a los alumnos, que cuando alcanzas cierto nivel de conciencia te enfrentas a estas tentaciones. No olvides que Buda fue acosado por demonios. Y la gente piensa: "Oh, voy a tener que enfrentarme a demonios malvados". Las tentaciones no van a venir en forma de demonios malvados; van a venir en forma de seducciones, dulces adoraciones: "¡Oh, maestro!".

Esto es una dramatización, y digo que hay mucho de esto. Las escrituras no invalidan lo paranormal; simplemente dicen: "No vayas allí". Puedes dar un par de lecturas psíquicas y quedarte en trance. Y, entonces, de repente las lecturas se disparan y algunas de ellas van mal. De modo que todas estas cosas solo son tentaciones. Solo son ficción espiritual transitoria, porque en comparación con las maravillas mágicas o las lecturas de las cartas del tarot, la realidad parece mundana y vulgar. Creo que esa es la dirección equivocada. Y aquí el error consiste en dejarse seducir, en creer que esa es una cualidad o poder de tu yo personal, cuando no es así. Los fenómenos ocurren por su propia cuenta. No hay un yo personal que los provoque.

Muchas veces hemos sido testigos de milagros. Y la trampa consiste en creer que eres *tú* el que ha producido el milagro. No hay ninguna persona que haga milagros. Este potencial se presenta cuando se alcanza cierto campo de energía. Solo ocurre cuando todas las condiciones son apropiadas, incluyendo las condiciones kármicas. Cuando la manzana está lista, cae del árbol. La manzana no se tira ella misma del árbol. Está dentro del campo gravitatorio. Así, dentro del aura espiritual de un maestro avanzado se facilitan fenómenos que deben ocurrir kármicamente por múltiples razones, pero no hay un yo "haciendo" una cura milagrosa basada en causa y efecto. Tú *eres testigo* de fenómenos que ocurren. Tú eres testigo de ellos. Y uno es consciente de que sí, el campo de energía puede estimular una propensión, pero la tendencia kármica está dentro de la propia persona, y lo único que uno hace es facilitarla.

Por ejemplo, una persona muy enferma e incapacitada se sienta a tu lado, y entonces puedes sentir que esta energía pasa a su domino y se mueve allí, y entonces la persona se levanta y se va caminando. Bien, eres consciente de que no has sido *tú* quien eliminó la enfermedad, fue la energía, la energía Kundalini. Debido a un trabajo espiritual que ha producido honestidad interna y conciencia, tú acabas de ser testigo del fenómeno. El despliegue del potencial emerge como consecuencia de los campos de energía que lo rodean y lo potencian. La energía Kundalini, en virtud de su propia naturaleza, es lo que resulta transformador y realiza milagros, no el yo personal.

Todo el mundo necesita un maestro que le advierta de esto. Los obradores de milagros salen a diez céntimos la docena. Cuando se produjo el milagro, fue un fenómeno, y a continuación el yo personal se lo atribuyó; y el ego lo exageró. Ahora ya no tiene el poder milagroso, pero no quiere que el mundo sepa eso, de modo que ha aprendido a falsearlo. Al principio, este fenómeno le ocurrió espontáneamente a uno de los gurús más famosos de India en tiempos recientes. Después se atribuyó el mérito y atrajo grandes multitudes, que dejaron mucho dinero. Entonces él empezó a aprender a falsificar lo que inicialmente había sido un fenómeno espontáneo. Esto es algo muy sutil. Le ha ocurrido a más de un gurú.

VERDAD ESPIRITUAL

Ahora vamos a hablar de la verdad espiritual. Hay muchos falsos maestros en el mundo. Yo me quedé asombrado cuando descubrí cuántos había. Muchos de ellos son famosos en el mundo entero. Como estás poniendo tu alma en manos de un maestro, más te vale saber quién es ese maestro. Yo no sería tan descuidado. Estamos hablando de tu alma *eterna,* de la perpetuación kármica a lo largo del tiempo, y ¿vas a poner esto en manos de un anuncio deslumbrante, vas a ir a que fulanito te lea el aura en el otro lado? Y, por supuesto, también vas a tener que donarle todas tus propiedades. A través de él obtienes una lectura del maestro fulano, y solo te cuesta 5.000 euros para tu nieta, ¡solo que no tienes una nieta!

Estos gurús cayeron porque sus instructores no les hablaron de la parte negativa. De modo que en mis conferencias lo repasamos constantemente: ¿Cuál es el aspecto negativo de cada nivel de conciencia? ¿Dónde está la trampa? La gente suele decir: "Yo estoy más allá de eso". No estás más allá de eso en absoluto. Desde 850 hacia arriba, es muy difícil. Y Buda lo reconoció diciendo: "Sentí que mis huesos se despedazaban", porque los demonios buscan cualquier debilidad en tu psique. Hay características de la verdad espiritual que, si las conoces, te llevarán a avanzar; no necesitas una lista de en cuánto calibran —aunque eso resulta muy útil—. Pero si conoces ciertos puntos básicos, lo más importante es entenderlos. La verdad es verdad en todo tiempo y lugar, independientemente de la cultura, las personalidades y las circunstancias.

La verdad siempre es verdad, pase lo que pase. De modo que, si calibramos la catedral de Chartres, la calibración es la misma siempre. La verdad es verdad en todo tiempo y lugar. No es excluyente; lo incluye todo y no guarda secretos ni es sectaria. Nadie es *dueño* de la verdad. Una de las mayores trampas es el amor provisional. Está la energía del amor: te vuelves muy atractivo para otras personas, y ellas lo interpretan como amor. La gente se enamorará de ti por doquier. Hubo un tiempo en el que recibía proposiciones dos veces al día. Y no tenía un maestro para avisarme. Supe que mi integridad estaba siendo puesta a prueba. Muchos caen ahí. Y después está el glamur: en mi libro no se nos permitió usar la palabra *gurú*. Cada vez que preguntábamos, la respuesta era "no". Esta palabra ha llegado a significar algo distinto de lo que significaba originalmente, debido a la explotación. Riqueza, fama, tener muchos seguidores…, todas estas cosas son tentaciones para el ego espiritual, para que te consideres importante. Y ves que los egos espirituales atribuyen los méritos directamente al yo personal. En cuanto piensas que lo has hecho tú, lo pierdes.

OBSTÁCULOS AL CRECIMIENTO ESPIRITUAL

La verdad siempre es verdad, pase lo que pase.

La verdad es verdad en todas partes; no excluye a nadie, está disponible y abierta a todos. No hay secretos que hayan de ser revelados, ocultados o vendidos: no hay fórmulas mágicas ni misterios. Esa es la verdad. Cuando vemos que se está vendiendo un antiguo secreto, siempre es por un precio, y sabes que te está asaltando un estafador espiritual.

La verdad, para ser verdad, es verdad todo el tiempo: eternidad. ¿Y cómo podría ser la propiedad exclusiva de alguien? Está disponible y abierta a todos. Tiene integridad de propósito: no hay nada que ganar o perder. La verdad es no-sectaria; no es la exposición de una limitación. La verdad es independiente de opiniones y es no lineal. Por lo tanto, no está sujeta a las limitaciones del intelecto o de la forma. La verdad es independiente de la opinión. Carente de posicionamientos, la verdad no es *anti*-nada. ¿Por qué es así? Porque la verdad no tiene opuesto. Podrías decir que el opuesto de la verdad es su ausencia. La falsedad no tiene realidad. Está la verdad, y después está la ausencia de verdad, y a la ausencia de verdad podemos llamarla falsedad.

Es como la luz y la oscuridad. La luz o bien está presente o bien no lo está. No hay requisitos ni exigencias, no hay membrecías, deudas, cuotas, regulaciones, juramentos, reglas ni condiciones. Y no envía circulares a todos los conocidos pidiendo donaciones. No es controladora. La pureza espiritual no tiene interés en las vidas personales de los aspirantes, en sus ropas o en su forma de vestir, en su estilo, en su vida sexual, en su economía, en sus patrones familiares, en su estilo de vida o en sus hábitos dietéticos. Está libre de fuerza o intimidación. Cuando las personas reciben amenazas en sus grupos espirituales o pertenecen a una secta, se les recrimina si tratan de salir de ella. A veces los castigos son muy severos. Cuando hay verdad, no hay fuerza ni intimidación, no hay lavado de cerebro ni adulación de los líderes, no hay rituales de entrenamiento. Ten cuidado con los rituales de entrenamiento: esa es la llamada al lavado de cerebro mediante el cual eres adoctrinado.

Si conoces la verdad, ¿para qué necesitas ser entrenado? No hagas ningún juramento. No prometas nada. "Y si rompo este juramento, que me pase tal y tal cosa...". Nunca hagas este tipo de votos. La verdad es libertad; ser libre de ir y venir sin persuasión, coerción, intimidación ni consecuencias. No hay jerarquía, y en cambio se atienden voluntariamente las necesidades y los deberes prácticos. Todas las personas con las que trabajo hacen lo que hacen porque eso es lo que hay que hacer.

Si tienes un líder o una persona a la que honras, eso se debe a lo que esa persona ha llegado a ser, más que a algún título u obligación. Reconoces la verdad cuando la ves. Yo respeto todo lo que existe debido a la esencia de eso que cada cosa es, esencia que siento de manera inmediata. Por lo tanto, ofreces respeto al pequeño escarabajo que va caminando, ofreces respeto a los animales, ofreces respeto al oso polar. Ofreces respeto a todo lo que existe en virtud de eso que ello es.

La esencia de la cosa es eso que ella es. ¿Qué significa esto? Lo que una cosa significa es lo que ella es. Lo que ella es, eso es lo que significa. Esto es difícil de ver. Pero puedes captar la esencia. Lo que esta cosa significa es lo que ella es. No tienes que añadir adjetivos, adverbios, lenguaje; cada cosa habla por sí misma en virtud de su existencia. Por tanto, un profesor debería hablar por sí mismo debido a la realidad de eso que él es. Eso que él es, no eso de lo que él habla. No es materialista, no tiene necesidad de riqueza mundana ni de todo lo que la acompaña.

La verdad inspiradora evita el glamur, la seducción y la teatralidad. He estado en eventos espirituales que eran como una producción de Broadway: vídeos, orquestas y luces deslumbrantes. No hay necesidad de riquezas mundanas. La riqueza es la diferencia entre tus deseos y lo que tienes. Si quieres transcender espiritualmente, suelta el deseo. Deja de desear admiración, de querer posesiones, de querer controlar. Cuando por fin sueltas todo deseo, tienes más de lo que necesitas.

Cuando vine por primera vez a Sedona, alquilé una casa. Ni siquiera tenía una cama, de modo que fui y compré un catre en una tienda de "todo a un dólar". Compré algunas mantas en una tienda de segunda mano. Conseguí una bonita caja de madera y puse un candelero sobre ella. Puse una manzana en el frigorífico y la guardé para la cena. ¿Qué más necesitaba? Estaba completo. Dios proveerá para ti si lo necesitas, de modo que también puse a prueba esto. Salí a caminar sin dinero ni comida, a deambular por Sedona. Me invitaron a desayunar. Me invitaron a comer y a cenar. Yo les decía: "No tengo dinero", y ellos me decían que era a cuenta de la casa. Lo que necesitas se te provee. Por lo tanto, si no necesitas nada, ya dispones de abundancia.

LA INTEGRIDAD DEL MAESTRO

La integridad del maestro habla por sí misma. Algunas personas pueden intuirla, y otras, por supuesto, no pueden. Cuando digo algo, soy consciente constantemente —todo el tiempo, con una conciencia inexpresada— de que soy responsable ante Dios todopoderoso de todo lo que digo a cada segundo. Y, como profesor, esa responsabilidad aumenta. Soy extremadamente consciente de todo lo que digo. Por lo tanto, con mucha frecuencia, como cuando doy una conferencia, intuyo que una cosa es así, pero quiero asegurarme. Hago la prueba muscular y digo: "Vamos a comprobar esto y ver si es así, porque no quiero enseñar nada erróneo".

Todavía recibo emails salvajes, locos. Todos los autores recibimos emails locos, ya sabes, en los que te acusan de ser un fraude en algún sentido. Y yo digo: "Habiendo enseñado al mundo entero a discernir entre verdad y falsedad en cuestión de segundos, es muy poco probable que trate de presentar falsedades, ante decenas de miles de personas que están ahí fuera practicando el discernimiento que les he enseñado". De modo que la realidad espiritual es educativa y se sustenta por sí misma. No pedimos nada a nadie, excepto lo que cuesta el evento.

Dios carece de estados de conciencia inducidos y no naturales, como los estados parapsicológicos, o los ritmos de respiración, posiciones y posturas anormales, y otras maneras de intentar forzar la energía kundalini. Cuando la kundalini está preparada para elevarse, lo hace automáticamente debido a su propia verdad.

La energía kundalini asciende a medida que te vuelves amoroso. No va a ascender porque cruces las piernas y te sientes delante de una imagen de Buda, porque quemes incienso y hagas todo tipo de encantamientos místicos. Simplemente trata de ser bondadoso y amoroso, no pises al escarabajo y así puedes ahorrarte toda esa parafernalia. Puedes ahorrar mucho dinero en incienso, en músicas místicas y en gongs. Empieza a ver la teatralización que todo eso implica. Compras revistas espirituales y en la cubierta siempre hay una rubia preciosa con el pelo al viento. ¿Se supone que hemos de creer que la atracción sexual es un camino hacia Dios? Nunca ponen a una persona poco atractiva en la cubierta de esas revistas. Durante un tiempo pensé que para llegar al cielo uno debía tener el pelo largo y rubio. Y esas rubias siempre están haciendo una postura mística de yoga. Eso es la glamorización, el teatro. Evita las cosas que no son naturales y especialmente los cursos que enseñan a desarrollar los poderes místicos; estos cursos calibran aproximadamente en 205.

Observa esta seducción al ego espiritual: "Oh, voy a ser especial, voy a tener superpoderes". Si quienes los anuncian tuvieran superpoderes, no estarían vendiéndotelos, ¿cierto? Si tienes superpoderes, y eres rico, poderoso y completo en ti mismo, ¿para qué querrías venderlos? Los venderías porque estás necesitado. ¿Necesitado de qué? ¿De más poder y riqueza? ¡Venga ya! Recibía muchos emails sobre un extraño gurú en alguna parte, en Tasmania o algo así. Y ese gurú calibraba en 180.

LLAMADA INTERNA Y AUTENTICIDAD INTERNA

Cuando uno está creciendo y buscando, puede haber otras personas en nuestra vida que no comprendan nuestro intento de crecer espiritualmente. El doctor Hawkins nos dice cómo responder en estas situaciones.

Creo que las personas deberían ser discretas. No tienes que decir a la gente lo que estás haciendo ni por qué estás haciéndolo. Cuando dejé la Costa Este, no se lo expliqué a nadie; no lo iban a entender. Probablemente hay muy pocas personas a las que les puedes confiar lo que realmente estás haciendo y lo que está ocurriendo en tu vida. Todo el mundo tiene cierta comprensión de lo que es una llamada interna, y creo que la mejor manera de describirla es: "Alcancé la satisfacción con cierto aspecto de mi vida y sentí una llamada muy intensa que me dijo: 'Aquí hay toda otra área en la que tienes que desarrollarte y crecer.' Y tuve que seguir esa llamada".

Generalmente basta con decir que sientes una llamada interna. Por supuesto, la gente intentará rebatirte, porque estás cuestionando su visión del mundo. En cierta medida estás negando el valor de su visión del mundo. Y, así, pueden esperar que defiendas tu punto de vista. Yo no lo defendería. Simplemente diría:

—Mira, esta es mi llamada. La cosa es así.

—Bien, ¿y qué pasa con la esposa y los niños? ¿Qué pasa con el negocio...? y bla, bla, bla.

Y yo respondo:

—Bueno, Dios tendrá que cuidar de eso. Dios es el creador del universo. Es el salvador de la humanidad. Que Dios se preocupe de ello, porque yo voy a estar ocupado en otra cosa.

—Ha perdido la cordura —dirán.

Bueno, cuando tu mente se queda en silencio, ciertamente la *pierdes*.

Ya me he dado cuenta de que eso es un cumplido. He estado practicando durante 30 años y finalmente perdí la mente. Y ellos me dicen: "Ha perdido la cordura". Mira la vida que tenía antes. Tenía una vida y puedo decirte que la vivía al máximo. Vivía al máximo en sentidos que el mundo ni siquiera conoce. Las personas que viven al máximo no revelan al mundo lo que hacen buena parte del tiempo. Las organizaciones a las que pertenecen ni siquiera aparecen en el mapa. De modo que te vas del mundo y entras en otro mundo diferente, donde la autenticidad, la intrínseca autenticidad interna, es lo que cuenta. Cuando dices gracias a una camarera o a un empleado de la tienda, tiene que ser desde un aprecio genuino. Ves su ser y ves que están ahí. Y lo dices de verdad.

Si lo haces simplemente como una manipulación superficial, no tiene el mismo efecto. Cuando ves cuánta prisa tiene esa persona y con cuánto esfuerzo está tratando de llevarlo todo adelante, aprecias la humanidad de la gente. Cuando les reflejas el auténtico valor de su humanidad, en realidad les estás reflejando la sacralidad de su existencia. Cuando reconoces a la gente, le reflejas su valía interna: y su valía interna es infinita. La valía interna de cada ser humano es infinita. Su potencial es infinito.

Sobre las cosas creadas por Dios, no puedes decir que una sea mejor que otra. Todos son igualmente criaturas de Dios. De modo que esta es la transformación que vives. Digamos que vas caminando por la calle y ves un pequeño escarabajo que está sobre su espalda, pataleando en el aire, y ves a otras personas pasando a su lado. Puedes comprobar que estás haciendo progreso espiritual cuando eso te molesta, vuelves a poner al escarabajo de pie y te alejas feliz. Llegado a ese punto, te das cuenta de que amas la vida y eres consciente de su sacralidad, porque la pequeña vida del escarabajo es igualmente sagrada para él. Y así, Dios te envía para darle la vuelta y te dices: "Bien, Dios, voy a dar la vuelta a este pequeño escarabajo porque sé que quieres que lo haga". ¿Sabes? Puedes hacer bromas con Dios; yo las hago todo el tiempo.

Y llega un momento en el que no puedes pasar junto al escarabajo sin ayudarlo. Después hay un espacio todavía más elevado, un nivel diferente de conciencia, en el que el karma del escarabajo es el karma del escarabajo, y el tuyo es el tuyo. De modo que te conviertes en un sirviente de Dios cuando ves la sacralidad intrínseca de la totalidad de la vida, y tratas de preservarla de la mejor manera posible, porque así es como Dios se refleja a través de ti.

Capítulo 5

Rendición

En este capítulo vamos más allá. Pasamos de los obstáculos espirituales específicos al que tal vez sea el mayor desafío que afronta cualquier buscador espiritual: estar dispuesto a entregarlo todo, incluyendo las recompensas del ego, a Dios.

Esto suena como algo fácil. Después de todo, rendirse significa dejar ir y no tener que hacer nada. ¿Qué podría ser más fácil? En realidad, el proceso de rendición es uno de los pasos más difíciles en el camino a la iluminación porque los tentáculos del ego, incluso en las personas de inclinaciones más espirituales, son profundos y están firmemente arraigados. No obstante, después de leer este capítulo, verás por qué comprometerse con este proceso de rendición está en concordancia con lo que este exige.

Estar dispuesto a rendir las recompensas del ego te permite soltarlo todo a medida que surge en tu experiencia. Esto incluye las recompensas que conlleva la pena, la ira, el resentimiento o el odio. Si quieres rendirte, tienes que elegir. ¿Qué entregas a Dios en el camino de la rendición? ¿Qué significa la devoción? Te amo, Señor, eres el más grande. Pero también amo el regocijo que obtengo de mis odios, de mi maldad, de mi vergüenza, de mi culpa, de mi revancha. O bien amas a Dios, o bien amas la venganza. No puedes tener ambas cosas. O bien amas a Dios o amas la autocompasión. En realidad, siempre se trata de una elección. ¿Estoy dispuesto a entregar esto por amor a Dios o no? Para llegar a iluminarte, ese poder tiene que ser fuerte. Tienes que estar dispuesto a renunciar a *todo* por Dios. Y cuando digo todo, quiero decir todo. Esto se debe a que, en el último momento, antes de que se te revele la experiencia última —o, más bien, antes de que esa condición asuma el mando—, se te pedirá que entregues tu vida.

Pones el núcleo de lo que crees que es tu vida —el núcleo del ego, del yo, el tú *real*— a los pies de Dios. Da miedo porque tienes que soltar todas esas recompensas y tienes que examinar todo ese material. Ahora, de repente, hay una presencia infinita que es como tú mismo, lo que crees que eres tú mismo. Y esto también es entregado, y hay un momento de terror en el que experimentas la muerte. Solo hay una muerte. Nunca vuelves a experimentarla. Pero hay una muerte a la que sobrevivirás. Y no sabes que vas a sobrevivir a ella.

El ego tiene la idea de que va a seguir igual, solo que iluminado. "Seguiré siendo yo, pero estaré *iluminado*". No, tú no vas a ser tú. Es mi responsabilidad prepararte para el último momento, porque todos los presentes aquí van a dirigirse hacia ese último momento. A menos que oigas la verdad, no vas a saber qué hacer. Por lo tanto, quiero establecer kármicamente que he dicho la verdad. En ese último momento, el mensaje que te llegará es: "Camina recto adelante, pase lo que pase". Muere por Dios. Y a medida que entregas tu vida, surge la agonía de la muerte —y es una agonía, y tú, efectivamente, mueres—. Y entonces, ante ti, se alza el esplendor. De todos modos, eso que pensabas que era la vida no era la vida. Pero, como es tan real, ves por qué lo has conservado todas estas vidas —encarnaciones—. Es tan convincentemente real, *que es tu vida*. Que es la *fuente* de tu vida. El ego es muy, muy fuerte o no habría sobrevivido todas esas vidas. En este último momento, te dice, o tú sientes, que lo que estás entregando es la fuente misma de tu vida. Te digo que, llegado a este punto, rendirse es seguro. Es seguro, pero tienes que saber que lo es. Tienes que haberlo escuchado, tienes que saberlo. Has de tenerlo en tu aura. Y entonces, este mensaje surge de la nada y tú das el paso adelante. El proverbio Zen de atravesar el miedo pase lo que pase me llevó a atravesarlo. "Pase lo que pase" significa sin límites, incluso hasta la muerte misma, pase lo que pase. Repito las palabras del maestro, que seguí en ese momento: *pase lo que pase*.

●●●

A medida que te rindas, a medida que estés dispuesto a soltar, verás que el ego se aferra porque está obteniendo algo de ello. Ahora bien, el ego de todo el mundo se va a resistir a dar este paso. Puedes esperar que sea así. El viejo ego dice: "Este odio está justificado". Renunciar a sentir lástima de uno mismo, renunciar a la ira, renunciar al resentimiento, renunciar a ellos a través del perdón. El poder de *Un curso de milagros* es estar dispuesto a perdonarlo todo y a salir de los campos de conciencia inferiores.

Al principio, el ego se identifica con la forma. ¿Cómo sabe eso el ego? Porque registra la forma a través del reconocimiento. Te darás cuenta de que, de todos modos, no hay ningún *yo* que esté pensando. Hay un observador-experimentador. En meditación o en contemplación, si te enfocas en el campo, notarás que la testificación está ocurriendo por sí misma.

Lo primero que notas con respecto a la conciencia es que es automática. La luz de la conciencia es automática. Se expresa como el espectador o el experimentador a través de la conciencia, como el observador; llegarás a la fuente de esta facultad y verás que es una facultad impersonal. No hay ningún tú personal que haya decidido conscientemente ser consciente. La observación sucede por su cuenta. En meditación, das un paso atrás de la identificación con el contenido de la meditación. *Yo soy esto, yo hice aquello,* y todo eso. Todo eso son historias falaces. Te das cuenta de que eso que soy es el testigo de todos estos pensamientos y sentimientos, de este panorama. Yo lo llamo fantasmagoría.

Mi tía-abuela solía ofrecerme algo muy especial por mi cumpleaños. Ella lo llamaba *el monstruo Polifemo.* Yo decía:

—¿Qué es esto que hay debajo de mí?

—Es el monstruo Polifemo —decía ella.

Y al final era un juego de croquet, o algo así. Toda esta fantasmagoría que se pasea por la mente; los que han meditado la conocen. Recuerdos, pensamientos, fantasías, imaginaciones. Te das cuenta de que tú eres su testigo involuntario. No es que te ofrezcas voluntario para ser el testigo; *eres* el testigo. No tiene sentido asumir ningún mérito por ello, ni tampoco tiene sentido sentirse avergonzado porque es algo automático. La conciencia es consciente automáticamente porque esa es su naturaleza, y es impersonal. Ser consciente forma parte de tu herencia kármica.

Uno empieza a identificarse con el testigo, el observador, y después con la conciencia. Entonces dejas de identificar la conciencia como algo personal. Vas incluso más allá de lo manifestado y llegas a la realización de eso último y definitivo que está más allá de toda forma, más allá de la manifestación..., de lo que surge la conciencia, y eso hace de ti un buda.

• • •

Estar dispuesto a entregar los posicionamientos por un sentimiento de humildad hacia Dios significa que uno está dispuesto a aceptar la posibilidad de que los seres humanos somos intrínsecamente inocentes y sufrimos de una profunda ignorancia. El único camino de salida del sufrimiento es transcender esa ignorancia y llegar a tu verdad espiritual. Entonces te conviertes en un estudiante de la verdad espiritual en tu vida personal, e incluso en último término en tu vida profesional. Así, la medicina y la psiquiatría tratan de aliviar el sufrimiento humano, y por eso también hice psicoanálisis. Cada una de estas cosas servía para afinar mi capacidad de ayudar a aliviar el sufrimiento humano en todas sus formas, bien a través de la farmacopea o de entender los conflictos inconscientes. Si estás dedicado a esta tarea, finalmente acabas en la verdad espiritual y en programas espirituales, porque, para muchos dilemas humanos, simplemente no hay otra respuesta.

Tal como no hay otra respuesta para la muerte de un ser querido, excepto rendirse a Dios y a la voluntad de Dios sabiendo que finalmente la verdad espiritual sanará todo dolor. Una vez más, la manera de transcender todo dolor se remite a la humildad: estar dispuestos a soltar nuestra manera de ver las cosas y a permitir que la verdad espiritual entre por su cuenta. La gente no se da cuenta de que cuando uno se queda en silencio, de repente de ese silencio surge una toma de conciencia.

Tratamos de forzar una respuesta, o forzamos con nuestra exigencia que Dios nos dé una respuesta. Muchas oraciones no son otra cosa que exigencias. Tratamos de forzar que Dios responda a nuestra petición, que se presenta disfrazada de oración. "Recé a tal y tal". No, estás tratando de obligar a Dios a darte un coche nuevo. Cuando realmente nos rendimos a la voluntad de Dios, vemos las cosas de otra manera. Y cuando vemos las cosas de

LA SABIDURÍA DEL DOCTOR DAVID R. HAWKINS

otra manera, nos damos cuenta de que no hay pérdida. La fuente del dolor desaparece. Y cuando la fuente del dolor desaparece, sales de la ignorancia y dejas de ver la situación como estabas viéndola. Mediante la entrega continuada a Dios, todas las cosas se resuelven por sí mismas, incluso problemas muy avanzados, complicados y espiritualmente difíciles. El mejor modo de gestionar la oración que pide un coche nuevo es entregar tu deseo de tener un coche nuevo. ¿Por qué querrías un coche nuevo? Porque crees que la felicidad es algo externo a ti. "Si tengo el coche nuevo, sentiré que tengo éxito y entonces seré feliz". Así, todos los deseos están asociados al sistema de creencias inconsciente de que nos darán felicidad, pero eso nos hace muy dependientes del mundo externo. De esta manera, nuestra felicidad siempre es vulnerable, y vivimos constantemente atemorizados, porque si la fuente de la felicidad está fuera de ti, siempre estás en una posición débil, posiblemente de víctima.

Si la fuente de la felicidad es la autorrealización *dentro* de uno mismo, nadie puede arrebatártela. Llegas a un punto en el que si vives o mueres a nivel físico es irrelevante. Muchas veces miras a la muerte a la cara, y si te vas, te vas, y si no te vas, no te vas, y no importa mucho. Cuando nos acosa un deseo, nos estamos predisponiendo a sufrir. Por lo tanto, si estamos dispuestos a entregárselo todo a Dios, estamos dispuestos a entregárselo todo, pase lo que pase, incluso la vida misma. Entonces, la situación queda y algo la reemplaza, y es mejor de lo que hubiera sido tener un coche nuevo.

•••

El futuro es el que está creando tu presente. Tú crees que es tu pasado el que te impulsa desde el pasado, que estás siendo empujado por tu pasado. No, estás siendo absorbido hacia el futuro. Estás siendo empujado por el destino porque, mediante un acto de voluntad, ya has elegido tu destino, y ahora esto es el despliegue de lo que se requiere para llegar a él. Por lo tanto, no tiene sentido quejarte de lo que te pasa, a menos que quieras hacerlo —no te sientas culpable por quejarte—.

¿Cómo transciende uno el ego? En primer lugar, no existe tal cosa como un ego. Solo existe la tendencia que tienen estas energías a formar una estructura. Solo hay una *tendencia*. Las energías pueden deshacerse fácilmente. Hay dos maneras: la meditación y la contemplación, junto con la oración y la devoción. Sé uno con el campo. Si eres principalmente consciente del campo, mira si tu aspecto obsesivo compulsivo se ve tan atrapado en este pequeño detalle que te vuelve loco. Ese aspecto tiene que saber cada pequeña cosa, que es totalmente irrelevante. ¿Te ha costado ese producto 1.23 o 1.27? No lo sé, ¿qué importancia tiene?

El yo, el sentido del yo: esta es la visión de la totalidad. Vives en el espacio infinito en el que están ocurriendo todas las cosas. Podríamos decir que mantenerse enfocado en la visión periférica, más que en la visión central, es ser consciente de la totalidad de la situación. La totalidad de todo lo que está aquí —y la energía nuestra estando aquí, y lo que eso significa con respecto a lo que se debería decir y a lo que se debería escuchar— habla por sí misma. Se trata de la totalidad de la energía y de la totalidad de los seres que están aquí y de su impulso colectivo.

Si te mueves por el mundo periférico, siempre estás enfocado en la totalidad de la situación, y, por desgracia, te pierdes muchos detalles. Si haces esto, es mejor estar casado. ¿Quién te avisaría de que te estás poniendo una camisa con un agujero en la manga? "Oh, vaya. —pensé—, lo que pasa es que ella no se da cuenta de que esta es mi camisa favorita". En el mundo de mi esposa, no puedes ponerte una camisa que tenga un agujero. En mi mundo, nadie se da cuenta. ¿Por qué? Porque yo presto atención al campo todo el tiempo. Puedes hacer lo mismo en meditación, donde eres constantemente consciente de la conciencia misma. El camino opuesto es enfocarse en el contenido. Hay otra forma de meditación o contemplación en la que el enfoque se fija absolutamente en el presente inmediato a medida que surge, sin seleccionar. Estás intensamente enfocado en la cabeza de un alfiler, constantemente. Te mantienes intensamente enfocado en el intenso ahora. Es como la visión central y la periférica, digamos que la retina también está montada de esta manera, y puede enfocarse en la mácula o en el campo.

No dualidad devocional significa que el amor por Dios es suficiente, de modo que estás dispuesto a entregar todo lo que se interpone en el camino de la realización de la presencia de la divinidad, que resulta que no es *otro*, sino nuestro Ser. Pensabas que era algo que estaba afuera. Llegamos a la fuente de nuestra existencia, a la realidad radical de la subjetividad. Nosotros damos la subjetividad por supuesta. Damos el campo por supuesto. Damos la conciencia por supuesta. Esto es lo que damos por supuesto. Creemos que algo es importante cuando es trivial e irrelevante, y luego está lo que tú eres. Ignoramos lo que somos y nos enfocamos en lo que no somos.

En este mismo instante, el 99 % de tu mente está en silencio. La razón por la que no lo notas es que estás enfocado en el 1 % que hace ruido. Es como si tuvieras un gran anfiteatro en el que pueden sentarse 400.000 personas. No hay nadie allí en medio de la noche, pero en una esquina hay una pequeña radio transmitiendo. Y te enfocas en ella. Todo el anfiteatro está vacío, no hay nadie en los asientos, pero tú piensas que la acción está ahí, en el transistor. Estás enfocado en esa pequeña cosa del momento que está atrayendo tu atención. Y como tu atención está enfocada ahí, piensas que la mente es eso. La mente no es eso. La mente es el silencio absoluto. Si tu mente no estuviera en silencio, no sabrías en qué estás pensando. Si no fuera por el silencio del bosque, no podrías oír ningún ruido.

¿Cómo podrías oír cantar a un pájaro? Solo lo oyes contra el fondo de silencio. Solo puedes ser testigo de en qué está pensando la mente contra el trasfondo del silencio innato de la mente. Y a esa comprensión le llamas *ello* en lugar de *yo*. No se trata de en qué está pensando mi mente, se trata de en qué está pensando *ello*. Se produce la misma comprensión con respecto al cuerpo. Cuando abandonas la identificación con el cuerpo, le ves hacer lo que esté haciendo. Tú no tienes nada que ver con lo que el cuerpo haga. Nunca has tenido nada que ver con eso. Pertenece a la naturaleza y está impulsado kármicamente. Simplemente hace lo que hace. Es tan entretenido para ti como para cualquier otra persona; es una novedad.

¿Qué son los campos de realización? Entonces, a medida que las cosas surgen, hay una disposición de entregárselas a Dios. Hay una disposición de entregar todas las cosas a medida que surgen. Cuando oyes una nota musical, la nota surge y después se disipa. A medida que la oyes, ya ha pasado por la cresta y se está yendo. La rendición, por tanto, es estar dispuesto a soltar todos los posicionamientos con respecto a todo: las cosas surgen como surgen. No se etiqueta nada, no se da nombre a nada, no se toma una posición al respecto. Se está dispuesto a entregar todo a medida que surge. Esto te permite someterte a una operación quirúrgica importante sin anestesia. En el momento en que lo llamas dolor, en cuanto dices: "Me estás cortando el pulgar", en el minuto en que te resistes al dolor, este es agudísimo. En cuanto sales de tu posición, pero permaneces en el filo de la navaja y dejas de resistirte, puedes hacer desaparecer cualquier enfermedad a medida que emerge. Si te caes y sientes que te acabas de retorcer el tobillo, no puedes llamarlo dolor, no puedes llamarlo una luxación de tobillo. Deja de resistirte a las sensaciones que surgen. No las etiquetes de ningún modo.

No estás experimentando dolor; nadie experimenta dolor. El dolor es una etiqueta. No puedes experimentar diabetes, no puedes experimentar neumonía, no puedes experimentar ninguna de estas cosas. Eso son palabras, etiquetas. Puedes toser, pero no puedes *experimentar* la tos. Esa es otra palabra que pones sobre ello. Hay una sensación y dejas de resistirte a ella. Entrégala completamente a Dios, se trata de estar dispuesto a entregárselo todo a Dios a medida que surge. Conforme surge, esta disposición de entregarlo te lleva a un estado de *Siempre-idad*, de la presencia de la realidad como fuente de la existencia.

•••

El ego tiende a pensar en términos de causa y efecto. Piensa en objetivos, en logros, en ir allí y en convertirse en algo más grande. Al ego nunca se le ocurre que estás siendo atraído. No es que estés siendo impulsado, sino que de algún modo intuyes algún tipo de destino dentro de ti, y ahora te sientes atraído e interesado. No es tanto que estás siendo impulsado por el pasado como que estás siendo atraído por el futuro.

Todo el concepto de *permitir* es ajeno a nuestra cultura. Nuestra cultura piensa en unos términos muy yang: inténtalo con más determinación, impúlsate con más fuerza. La conciencia de la presencia de Dios en realidad es consecuencia de una forma muy yang de posicionarte.

El yang es como esforzarse, y conseguir e intentarlo con más fuerza, y es muy causal en su efecto. La conciencia espiritual ocurre mediante una revelación.

La conciencia espiritual ocurre mediante una revelación.

Es como que das un paso atrás, extiendes los brazos a los lados y dices: "A ti, oh, Señor, entrego mis pensamientos, mis opiniones, mis sentimientos". Y apelas a la divinidad, y entonces creas la apertura en una postura psíquica interna muy yin de permitir que Dios se revele. Esto es muy conocido en el programa de los Doce Pasos, que está extendido por todo el mundo. A través del estudio de la meditación tomamos conciencia de la voluntad de Dios para nosotros. Eso es una súplica; eso es una aceptación. El esfuerzo espiritual no se echa a perder.

Cuando hablamos de súplica, hablamos de entregar tu vida a Dios. Cuando hablamos de oración, hablamos de devoción: actos de devoción como rogar a Dios, pidiendo ser guiado. Hay gran cantidad de información que se ha ido acumulando a lo largo de los siglos sobre cómo facilitar el emerger de esta capacidad de estar en presencia de Dios. También está el camino del conocimiento interno. Por supuesto, los libros que he escrito son para compartir conocimiento propicio y para ayudar a la persona a desvelar el estado interno, estado que está en espera. El estado interno espera, lo único que tienes que hacer es retirar los obstáculos que te impiden tomar conciencia de él.

Por lo tanto, la información que doy trata de deshacer los obstáculos mediante el conocimiento. En realidad, es el camino del autoconocimiento. Y, por supuesto, lo que se interpone en nuestro camino de manera específica es el ego. La investigación de la conciencia trata de discernir cuál es la naturaleza exacta del ego a través de la comprensión de cómo funciona y cómo se originó. Puedes empezar a renunciar a él. Nuestra primera toma de conciencia es darnos cuenta de que hay una diferencia entre percepción y esencia. Descartes apuntó esto hace siglos. Está el mundo tal como lo ves y, por tanto, cómo lo percibes, y lo que piensas de él es tu opinión. Y después está el mundo tal como realmente es, lo cual es independiente de lo que tú piensas de él o de cómo lo etiquetas, o de cuál es tu opinión.

El trabajo espiritual consiste en intentar transcender la percepción y comenzar a experimentar la esencia de las cosas. Creo que la escala calibrada de la conciencia acelera este proceso tremendamente una vez que has aprendido a usarla. Incluso si miras unas pocas listas de los niveles calibrados de diversas cosas de nuestro mundo, empiezas a intuirlo. Dices: ¡Ajá! Bajo la piel de cordero está lo que *realmente* hay allí. Dentro del caballo de Troya empiezas a dejar de conformarte con lo que parece evidente. Y, por supuesto, vivimos en una sociedad, dominada por los medios, en la que la percepción lo eclipsa todo: el aspecto que una persona tiene sobre el escenario, etcétera. La gente se deja impresionar mucho por eso, en lugar de por la cualidad y la sustancia del orador.

•••

Cuando se produce una gran catástrofe, me preocupa el sufrimiento psicológico y emocional de las personas que están en esa situación, y rezo para que se alivie su ansiedad y temor, porque incluso si la crisis es siempre la misma, dependiendo de las circunstancias, la gente cree que es diferente. En realidad, una crisis aguda es siempre lo mismo, en cualquier ocasión. Conmoción, sorpresa e incredulidad. Y cuando estás en medio de ello, en realidad no piensas, y no te sientes molesto hasta que acaba. Una crisis se inicia tan rápido, de manera inesperada, y se acaba antes de que te des cuenta. A continuación, con mucha frecuencia, viene el miedo: es sorprendente que el miedo no surja hasta que el suceso ha pasado. Después se produce un repaso rápido y el miedo surge en el repaso; en el momento del accidente no había ningún miedo. Gestionas la energía de la emoción. Gestionas la energía y no la cualidad, la energía de ello.

Lo único que tienes que hacer es rendirte a la emoción, a la energía misma, y dejar de resistirte a ella: la energía se encargará de sí misma. No olvides que también cuentas con la sabiduría del inconsciente colectivo. Si no recuerdas cómo gestionar algo, el colectivo lo recuerda, porque la humanidad ha sobrevivido a innumerables crisis. Y en la conciencia colectiva de la humanidad están todas las herramientas que necesitas. Te rindes a tu humanidad. A menudo hacemos esto cuando rezamos a Dios. Eso es todo lo que hacemos: de repente entramos en la sabiduría, aceptamos la sabiduría de la conciencia colectiva de toda la humanidad, que a lo largo de los milenios ha aprendido a gestionar cada crisis imaginable.

No te resistes a la emoción y, en cambio, dices: "Por supuesto que me voy a sentir mal. Por supuesto que me voy a preocupar. Por supuesto que voy a decir: '¡Oh, ¿qué vamos a hacer ahora?'. Por supuesto que voy a sentir pánico". Permítete tener esas emociones. Simplemente son respuestas naturales. Forman parte de la humanidad. No tienes que pensar que *tú* estás respondiendo de esa manera. Es *tu cualidad humana* la que está respondiendo así. El ser humano medio pasará por un periodo de consternación, pánico, miedo y después, por supuesto, empezará a hacer planes y a comentar en su mente los pasos de reparación que tiene que dar para asegurar su supervivencia ahora que, digamos, ha perdido su trabajo.

De otro modo, lo que ocurre en una de estas fases se prolonga. Te quedas atascado en el duelo, o en el miedo, o en el resentimiento. Esto no se debe a la preocupación, al miedo o a la ira. El problema es quedarse atascado: ¿Por qué no quieres seguir adelante?

Yo le apunto a un paciente:

—Bueno, ¿qué estás consiguiendo con este resentimiento constante?

El paciente cuenta que su esposa lo ha dejado, o que su jefe le ha despedido, o algo así, pero él está exprimiendo eso. Yo quiero que vea por qué lo exprime. Le digo:

—Bien, eso ocurrió hace un par de años. Ya es hora de superarlo.

Está exprimiéndolo, se está alimentando de ello, lo está usando. Empieza a ver que él mismo está propagando el resentimiento.

En nuestra sociedad actual se compite por ser la víctima. Casi da risa ver cómo las personas se precipitan al escenario para contarte que ella es la víctima. Y casi compiten por quién ha recibido más afrentas. ¿Cuál es el género, la raza o el color que ha sufrido más afrentas? ¿Quién es una víctima del dinero, de la posición social, de la política? Ahí fuera todo el mundo está compitiendo para ver quién ha sufrido más.

Es como una competición moral. ¿Quién es el más perjudicado aquí? ¿La gente mayor o la gente joven? ¿Los republicanos o los demócratas? ¿Quién se está llevando la mayor parte de las afrentas? Cuando lo ves, la escena es casi cómica. A todo el mundo le gusta salir en televisión y contar lo mal que le han tratado. Eso es narcisismo: exprimir las situaciones para ver qué puedes sacar de ellas. Y entonces, cuando realmente lo ves tal como es, y lo ves a través del punto de vista del narcisismo autoalimentado, te sientes mal por las personas que se han quedado atascadas ahí. Una cosa es, por decirlo así, exprimir una crisis por lo que puedas obtener, pero después llega el momento de superarla. Lo que quieres hacer es ayudar a la gente a superarla y a seguir adelante con su vida.

LLEGAR AL NIVEL DE CONCIENCIA DE LA ESPERANZA

El doctor Hawkins dice que los problemas no se gestionan en el nivel en que parecen estar ocurriendo, sino en el nivel de conciencia siguiente. Aquí nos va a decir por qué.

La pena no puede gestionarse en el nivel de la pena. Miras los niveles de conciencia, ves dónde estás y después asciendes. Desde la pena, o el resentimiento, o algo así, puedes ascender a la aceptación y dejar de tomártelo de forma personal. No eres tú; es la naturaleza de la vida. Es la naturaleza de la vida protoplásmica. Es la naturaleza de la vida humana. Es la naturaleza de la vida en este país y en este tiempo. La tasa de empleo no tiene nada que ver contigo personalmente. Todos estos son fenómenos personales. Aprendes a generalizarlos, a no tomarlos personalmente y a pasar al nivel de conciencia siguiente, que es el de la esperanza.

Cuando pierdes el trabajo, en lugar de consternación, ira, resentimiento y depresión, asciende al nivel neutral. Empieza a pensar: de modo que he perdido el trabajo, ¿y qué? Miras los anuncios de empleo y hay muchos empleos. Vas caminando por la calle y ves muchos anuncios de empleo. En la ciudad donde vivo, puedes ir caminando por cualquiera de sus calles del distrito de negocios y verás carteles en los que piden empleados. Justo en medio de la gran crisis de desempleo, hay carteles pidiendo empleados en la mitad de las tiendas. Todo el mundo quiere ayuda. La gente no quiere trabajar tantas horas, o por esa cantidad de dinero, o bajo esas condiciones. Pero si sueltas todo eso, te sentirás feliz de caminar por la calle y ganar un buen dinero cada día lavando escaparates. Ves que en realidad no es un problema económico, sino que es un problema de elección, de que realmente no quieres ponerte al nivel de un limpiador de escaparates. Quieres hacer lo que quieres hacer: tocar el piano, bailar, pintar cuadros preciosos, y aun así hacerte rico. En cambio, puedes ascender al nivel de la esperanza de que aquí se abre una aventura nueva y excitante. No sabes cómo va a ser la aventura, y no sabes qué tipo de trabajo vas a encontrar.

Encuentro que cada tipo de trabajo tiene cosas interesantes. No importa qué tipo de trabajo tengas ni dónde esté, siempre hay personas nuevas que conocer. Una de las cosas interesantes con respecto a un trabajo nuevo es conocer a toda esa gente con la que vas a trabajar y familiarizarte. Hay nuevas amistades que hacer, nuevas asociaciones que hacer, nuevas personas entretenidas o interesantes. Algunas de las personas que conozcas serán divertidas y otras serán horribles. Ya lo sabes, simplemente es una nueva aventura. La vida pasa de una aventura a otra. Siempre es una nueva aventura, vas viviendo un día cada vez.

EL PODER DE LA MENTE EN CRISIS

Una mujer recibió una carta en la que le decían que su hijo había caído en combate y ella entró en depresión. Dejó de hablar, dejó de comer y simplemente se balanceaba adelante y atrás en su mecedora. Nada que pudieras hacer o decir podía persuadirla. No comía ni hablaba. Una semana después llegó otra carta del ejército diciendo que había habido un error. No era su hijo quien había muerto. Era otro muchacho con el mismo nombre, excepto por una letra. Su hijo se llamaba Phillip, con dos "eles", y el otro chico se llamaba Philip, con una "ele". Debido a este error, le habían informado mal. Cuando le dijeron que su hijo no había muerto, no mostró ninguna reacción visible. Todo el mundo le dijo: "No está muerto, solo ha sido un error". Y ella siguió meciéndose, con la mirada perdida en el espacio.

Necesitó terapia para salir de ese estado. Cuando el estado tomó el mando, liberó todo el dolor de muchas encarnaciones, que le golpearon en tromba. Cuando un estado se manifiesta con fuerza, cobra vida propia. Adquiere dominio, y es casi como si estuvieras poseído por otro espíritu. Algún espíritu latente en tu inconsciente toma el mando y comienza a dominar el campo.

Puedes ver que a la gente le pasa esto mismo con los resentimientos. Están enfadados y resentidos, y cuando les preguntas hace cuánto tiempo que ocurrió eso, te dicen: "ocurrió hace veinte años". ¡Hace veinte años! Ya es hora de dejarlo atrás. Has estado regodeándote en ello durante veinte años. Haces consciente a la persona de la extraña ganancia que está obteniendo aferrándose a ello, y haces que salga de ahí. Pero la gente se aferra a la injusticia; la injusticia les toca mucho.

Obtienen tanta ganancia de haber recibido una afrenta que hay una competición para ver quién ha recibido la más grande.

ORACIÓN EN MOMENTOS DE CRISIS

Por favor, estate conmigo y muéstrame cómo rendirme y gestionar esta experiencia.

Esta es una oración muy buena. Cualquier oración en la que invoques a la voluntad de Dios, en la que pidas ayuda a Dios, resulta útil. Si calibras la energía del evento antes y después de hacer esta oración, ves que la oración es edificante: aporta una gran cantidad de energía curativa, y saldrás de algo de lo que no habrías salido antes.

Es de ayuda vivir en el presente. Muchas personas viven en un estado de expectativa temerosa, y obtienen una recompensa de eso. A continuación, averiguan en qué circunstancia de su vida adquirieron este hábito de tener miedo, y se dan cuenta de que estos estados reflejan una conciencia de la presencia de Dios y de la disponibilidad de la ayuda divina. Si piensas que estás completamente solo ante las imposibilidades de este mundo, tiendes a sentir miedo. Cuando descubres que no estás solo, que la presencia de Dios es una fuente de ayuda, ese miedo desaparece porque empiezas a depender de Dios y no de tu ego.

En realidad, lo que estás viendo es que tu ego, en y por sí mismo, es incapaz de gestionar cualquier asunto. Dios es la fuente de vida, y Dios es la fuente de fuerza, esperanza y conciencia. Rezas a Dios, te rindes a Dios, y dices: "Bien, Dios, he hecho todo lo que podía hacer al respecto". Entre tanto, sigues cavando en el jardín y te tranquilizas, esperando que los rábanos broten repentinamente del suelo. Esto requiere *tu* esfuerzo. La ayuda Divina está disponible en todo momento, pero no la descubres hasta que te rindes a ella. Entonces descubres que la energía de Dios gestiona en tu nombre esa cosa por la que has rezado. Tú no tienes que gestionarla personalmente. Cuando la sueltas, te das cuenta de que está siendo gestionada sin contar con tu ayuda en absoluto.

En realidad, Dios no te necesitaba para nada. Solo eras un testigo de lo que estaba pasando. Y si kármicamente estás destinado a dejar el mundo en ese momento, te irás grácilmente del mundo. ¿Para qué ponerse a llorar por ello, y luchar, y dar una patada infantil al aire con tus pequeños dedos del pie? Si es tu momento de irte, vete ya. Y si no ahora, después. Esto requiere una experiencia espiritual bastante profunda: la conciencia experiencial de que eso que verdaderamente eres, el Ser con S mayúscula, está más allá de la vida, y que la vida no tiene comienzo ni final, y no está hecha de la misma dimensión de eso que empieza y acaba. Es una dimensión distinta, y has de saber que tu realidad no es el yo personal, sino cierta esencia dentro de ti que está *más allá* del yo personal, y de la que el yo personal emerge, pero la esencia es independiente del yo personal.

Si te ponemos a dormir con hipnosis o anestesia, o algo parecido, ¿dejas de existir? No, solo desaparece tu conciencia de ti mismo como un yo con "y" minúscula. Una vez que experimentas el Ser con S mayúscula, el miedo a morir desaparece para siempre. Lo que eres no está sujeto al nacimiento ni a la muerte. Siempre es, siempre ha sido, siempre será, y es eterno. Y eso que llamamos divinidad es la esencia de Dios dentro de ti. La fuente de vida es la esencia de la divinidad dentro de ti.

Imagínate que yo dijera:

—Vas a morir dentro de cinco minutos.

—Bien, ¿cómo lo sabes? —preguntas tú—. Ya sabía yo que hoy iba a ser un día interesante.

Si te rindes completamente a ello, el miedo desaparece. El miedo no es una necesidad. El miedo es un ingrediente añadido. Es lo que añade el ego narcisista. ¿Qué podría ser más horrible para un ego egocéntrico y narcisista que el pensamiento de que no va a existir o de que no es muy importante?

SOLTAR EL MIEDO

La mente tiene el hábito de creer que, si se aferra al miedo, conseguirá algo que le ayudará a sobrevivir, y que habrá alguna ganancia para la emocionalidad. Hay ganancia para la emocionalidad; lo mejor que uno puede hacer es rendirse a la emoción misma. Si haces eso, la emoción se disipará por sí misma. Si permites que el temor te abrume completamente y te rindes a él, en un tiempo sorprendentemente breve el miedo desaparece, y se convierte en un "¿qué más da?". Esta es una conciencia que solo adquieres a través de la meditación. Cada emoción, sea cual sea —miedo, ira, resentimiento, alegría, amor, etcétera—, surge. Entonces tomas conciencia de qué es aquello de lo que la emoción está emergiendo, qué es lo que está reflejando. Esto se debe a que estás tratando de atravesar el yo con "y" pequeña —el ego egocéntrico y narcisista— y llegar al Ser real. Este es un poco más sofisticado. A menudo hacen falta años de meditación para conseguirlo.

Y entonces, de repente, en un instante, eso que consideras tu realidad funciona espontáneamente, autónomamente, sin ti. Eso que consideras el *tú* ni siquiera está involucrado. Llegado a ese punto, con mucha frecuencia abandonas el cuerpo o dejas de experimentarte a ti mismo como el cuerpo, o como que estás en un cuerpo, o que tienes un cuerpo, y te conviertes en el testigo del cuerpo. Y entonces, llegado a ese punto, no solo no valoras tu cuerpo, ni siquiera te parece interesante. La primera vez que abandonas el cuerpo estás asombrado. El cuerpo está tumbado allí. Y tú piensas: "Vaya, esto tendría que preocuparme". Pero no estás preocupado. Simplemente esa cosa tonta está yaciendo ahí. Es *un* cuerpo, pero no es mi cuerpo, no es *yo*. No es particularmente interesante.

●●●

Sentimos el miedo como una emoción. Evidentemente, somos nosotros los que lo estamos creando. Sin embargo, la mente hace esto por hábito. Se supone que has de tener miedo de esto, se supone que has de tener miedo de lo otro. En realidad, muchos de nuestros temores son programados. La enfermedad, la vejez, el sufrimiento, la muerte y la pobreza son miedos humanos universales. Los que están basados en la realidad se fundan en la temporalidad de la vida humana y en la vulnerabilidad del cuerpo físico, de modo que no son completamente irracionales. No estamos hablando de eliminar las precauciones normales para sobrevivir, pero la precaución es distinta del miedo. Cuando vas caminando por ciertas calles de la ciudad de Nueva York, si no empleas la precaución, no vas a durar mucho. La precaución forma parte de la sabiduría, pero es diferente del miedo; la precaución es racional. El miedo puede surgir de la nada, como saben bien todos los que han tenido pesadillas, produciendo un pánico repentino.

No estamos hablando de eliminar la autopreservación normal; solo estamos hablando de los miedos irracionales. Superas muchos de ellos afrontándolos. Siempre le digo, a esa gente que tiene miedo de hablar en público, que yo tuve ese mismo miedo durante muchos años. No podía hablar. Una vez me vi forzado a hablar en público. En realidad, estaba muy nervioso. Entonces, de repente, dije algo divertido y, en cuanto el público empezó a reírse, el temor desapareció. De modo que hice el descubrimiento mágico, y desde entonces he hablado en público cientos de veces. Descubrí que el humor alivia cualquier ansiedad. Si puedes hacerlo, incluir algo divertido en lo que estás diciendo, eso aliviará el temor. En cuanto el público se ría, te sentirás bien. Ese descubrimiento es un momento mágico. Yo lo descubrí accidentalmente.

Como hemos dicho, si hay suficiente peligro en el entorno, ejercitar la precaución es una técnica de supervivencia racional. De lo que hemos estado hablando es de esos miedos que no tienen una base real. Superarlos requiere cierto nivel de coraje y estar dispuesto a entrar en ellos. Creo que la persona media no tiene ningún problema en diferenciar entre ambos. En el caso de cualquier sentimiento, si dejas de evitarlo y te sumerges en él y dices: "Quiero más de esto", y dejas que recorra su curso, finalmente lo agotas. A veces puedes hacer este proceso con la imaginación. Imaginas aquello de lo que tienes miedo, dejas que el miedo surja y dejas de resistirte a él. Bien, existe un límite para la cantidad de cualquier emoción. Si sigue surgiendo aquello que temes, finalmente agotarás el miedo y te resultará casi imposible tener miedo de la siguiente cosa que saques a la luz para temerla. Puedes agotar cualquier emoción dejando de resistirte a ella, la descomprimes. Y a continuación te preguntas: "¿De qué más tengo miedo?", hasta que finalmente te quedas sin cosas que imaginas que temes.

Una de las cosas que puedes controlar es dónde *enfocas* la atención. Por ejemplo, puedes pensar en los dedos de los pies. Yo le diría a alguien que tenga miedo de hablar en público:

—Cuando subas al escenario y estés de pie detrás del podio, mientras permanezcas allí quiero que pienses en los dedos de tus pies.

Bien, si pruebas esto, te darás cuenta de que no puedes tener miedo porque estás demasiado ocupado pensando en los dedos de los pies. Finalmente, eso te hará reír y, en cuanto te ríes, el miedo desaparece. Piensa en los dedos de los pies. De vez en cuando, cuando quiero dar una conferencia, siempre me olvido de los nombres de algunos autores. Imagino que esos nombres están escritos en los dedos de mis pies. Cuando no puedo recordarlos durante la conferencia, miro hacia abajo, hacia mis dedos y de repente los recuerdo.

He hecho esto muchas veces con personas que tienen fobia a hablar en público, y les pido que lo practiquen en casa y también conmigo. Probablemente hablar en público es la fobia para la que más me piden ayuda. Dirijo a la gente a completar la totalidad de la experiencia: que sigan imaginando sus miedos y soltándolos hasta que finalmente se acaben. Agotas el miedo. Siempre hay mucho temor comprimido, pero puedes dejarlo correr hasta agotarlo.

¿Y ENTONCES QUÉ?

Si tienes miedo de algo, usa la técnica que denomino "¿Y entonces qué?". Cuando la practicas, vas rindiéndote nivel por nivel.

Por ejemplo, dices:

—Si pierdo el trabajo, no tendré suficiente dinero para vivir.

A continuación, dices:

—¿Y entonces qué?

—Bueno, si pierdo la casa tendré que alquilar un apartamento en alguna parte.

—¿Y entonces qué?

—Y entonces, si no tengo nada de dinero, también tendré que irme de ese apartamento.

—¿Y entonces qué?

—No tendré suficiente dinero para comprar comida.

—¿Y entonces qué?

—Entonces moriré de hambre.

Y piensas para ti mismo, "¿Cómo vas a hacer eso? ¿Vas a sentarte en la acera y morir de hambre?".

—¿Y entonces qué?

—Entonces conseguiré una lata para pedir dinero.

—¿Y entonces qué?

—Entonces la gente se reirá de mí pensando que soy un idiota, sentado allí con la lata.

—¿Y entonces qué?

—Entonces vendrán los policías y me llevarán.

—¿Y entonces qué?

—Decidirán que estoy loco.

—¿Y entonces qué?

—Me internarán en un psiquiátrico.

—¿Y entonces qué?

—Entonces me asignarán un psiquiatra.

Sigues usando la técnica "¿Y entonces qué?", y a medida que te vas rindiendo a los escenarios, desapareces en el absurdo y llegas al fondo de tus temores. "Seré pobre y feo, no le gustaré a nadie y nadie me contratará". Sigues adelante con el "¿Y entonces qué?" hasta llegar al fondo del proceso. Finalmente te quedarás sin escenarios. Ahora tienes una pila de escenarios, de modo que trabájalos.

Tuve una experiencia inesperada mientras montaba en un globo de aire caliente sobre el Gran Cañón. Pensé que me sentiría aterrorizado todo el tiempo. Y lo que ocurrió fue que, al mirar a un lado, simplemente dejé que el miedo continuara surgiendo. Y se agotó. Me quedé sin él. No sabía que se podía agotar. Pensaba que sería algo permanente y que siempre tendría miedo de cierta experiencia, pero descubrí que puedes agotarlo. La gente se siente asombrada, creen que el miedo va a estar allí permanentemente, pero no lo hace. Sigues dejando que surja y, a veces, puedes cambiar la coloración emocional de un recuerdo introduciendo música. Puedes revivir ese recuerdo con algún tipo de música que tenga el efecto opuesto; esto puede tener un impacto muy dramático que cambie la totalidad del campo.

Por supuesto, lo que más eleva una situación es entregársela a Dios. La oración y entregar algo a Dios es lo más potente. Recuerdo cuando me vi frente a una serpiente de cascabel. Allí estaba yo, solo, y de repente me topé con una serpiente de cascabel enroscada y preparada para moverse. Me rendí a Dios a gran profundidad. Simplemente solté y me rendí al conocimiento de la presencia de Dios, y una profunda paz nos sobrevino tanto a la serpiente como a mí. Nos quedamos suspendidos en el tiempo, es un estado de pacífica tranquilidad, una especie de magia de Shangri-La.

La serpiente estaba en calma y pacífica, y yo estaba en calma y pacífico. Ambos entregamos el miedo que nos daba el otro, porque la serpiente también tenía miedo de mí. Pero ambos nos quedamos suspendidos, y hubo un sentimiento de profunda quietud, calma, paz e intemporalidad. Logramos escapar a un estado divino, y ese estado divino, su poder, también tranquilizó a la serpiente de cascabel. Ninguno de los dos se movió; estábamos absolutamente aposentados. Fue un gran momento. Probablemente, en tiempo duró apenas algunos segundos. Pero en el tiempo experiencial fue atemporal.

Invocar la divinidad es la manera más poderosa de transformar un momento así. Por otra parte, no puedes dictar a Dios cómo quieres que se manifieste lo divino. Creo que tradicionalmente a eso se le ha llamado *perfilar*: decir a Dios cómo quieres que lo haga, cuándo y con quién. Rendirte significa que entregas el resultado y dices: "Entrego a Dios tanto conseguir este trabajo como no conseguirlo". A continuación, no puedes darte la vuelta y quejarte de no haber conseguido el trabajo. Está bien conseguirlo y también no conseguirlo. Si no consigues el trabajo es porque Dios quiere que trabajes en alguna otra parte. En ambos casos sales ganando.

Capítulo 6

Verdad

Este capítulo responde a una de las preguntas más profundas de la vida: ¿Qué es verdad? Después de todo, en esta era de Internet que estamos viviendo, puedes encontrar muchos, muchos blogs y páginas web de supuestas autoridades o gurús que declaran decir la verdad sobre una serie de temas. Y, con frecuencia, tales afirmaciones están en conflicto entre sí o se contradicen directamente. Así pues, ¿qué es verdad?

En el texto que sigue, tomado del programa del doctor Hawkins Verdad frente a falsedad, *se comentan "las 38 características inherentes a la Verdad Espiritual". Después de leer sobre estas características, esperamos que tengas una comprensión y una visión más completa de esta profunda indagación.*

Número 1. La Verdad siempre es Verdad

La universalidad de la verdad significa que siempre ha sido revelada de la misma manera exacta a lo largo de la historia, a lo largo de miles de años, en diferentes partes del globo, en distintas culturas, en diferentes entornos étnicos. El místico realizado ha dicho la misma verdad a lo largo de todos los tiempos. De hecho, es esta característica la que ha suscitado dudas en las mentes de algunos escépticos. Y el escéptico científico dice: "Por un lado, todavía me inquieta que, en diversas culturas, separadas por muchos siglos unas de otras, se hace la misma declaración una y otra vez. Debe haber cierta universalidad". De modo que la verdad es siempre verdad, todo el tiempo, en todos los lugares, para toda la gente. Es posible que no pueda descubrirse, pero la verdad final que emerge siempre es la misma. La verdad, por su naturaleza, tiene que ser la misma pase lo que pase, porque no está sujeta a opiniones o visiones personales.

Número 2. La verdad no es excluyente

La Verdad lo incluye todo. No guarda secretos. Nadie es dueño de ella. Está abierta a que pueda descubrirla cualquiera que desee hacerlo y que desee pasar por la disciplina interna de descubrirla por sí mismo. No está limitada. Está disponible para todos, tal como ver el cielo está disponible para todos. No es excluyente. Esto significa que lo incluye todo. No hay secretos, no está limitada, no es sectaria. Significa que nadie es dueño exclusivo de la verdad, a pesar de que muchos grupos afirman que son sus únicos dueños. Nadie es el dueño exclusivo de la verdad como nadie es dueño exclusivo de la luz del sol o del cielo.

Número 3. La Verdad está disponible

Está disponible, porque, como el cielo, está abierta a todos. No es exclusiva. No hay secretos que hayan de ser revelados, no hay nada que vender, no hay fórmulas mágicas ni misterios. El cielo no tiene misterios. Se alza abierto, honesto, revelado.

Número 4. La organización espiritual tiene integridad de propósito

No hay nada que ganar o perder. En otras palabras, no hay beneficio si participas en la organización y nada que perder si la abandonas. ¿Por qué? Porque la verdad es autosuficiente; es satisfactoria en y por sí misma, como lo es el estado que el mundo denomina iluminación o autorrealización. Es completo y total; no necesita nada de nadie. No requiere el acuerdo de la gente. Es completo y total en sí mismo. La verdad no tiene necesidades.

Número 5. La Verdad es no-sectaria

Esto es una especie de desarrollo de la primera cualidad, de la universalidad. La Verdad no es la exposición de una limitación. La gente quiere reclamar que es dueña exclusiva de la verdad. Aquí está este selecto y pequeño grupo del que nadie ha oído hablar. Han obtenido una gran revelación del Maestro Baba que está al otro lado. Todo esto es una idiotez, pues reclaman que esta es la verdad exclusiva que el mundo entero debe observar. La verdad es no-sectaria; no está limitada a grupos favoritos.

Número 6. La Verdad es independiente de opiniones

La Verdad no está sujeta al intelecto. Que una cosa tenga sentido intelectualmente, que una cosa tenga sentido o no dentro del mundo lineal de la norma, es irrelevante. La teología intenta hacer que la verdad espiritual encaje en lo explicable, en lo definible, en lo lógico, y trata de situarla en un contexto intelectual. Puedes decir algo sobre la verdad, pero lo que dices sobre ella no es lo que ella es, porque solo estás *hablando* de ella. Para conocer realmente la verdad, tienes que *serla*.

Número 7. La Verdad carece de posicionamientos

Como hemos mencionado, la verdad no es anti nada. La verdad no tiene opuesto, aunque puede haber ausencia de ella. La ignorancia solo es la ausencia de verdad, y por lo tanto la verdad no tiene enemigos. Que la gente la crea o no es su problema. La verdad no gana ni pierde nada mediante su afirmación.

Número 8. La Verdad no tiene requisitos ni exigencias

En otras palabras, la verdad, siendo autocumplida e íntegra, no tiene nada que vender. No requiere membrecías; no tienes que pagar ninguna cuota; no hay regulaciones, juramentos, reglas o amenazas si quieres irte o dejar de participar. La libertad, por tanto, es intrínseca, y volveremos a esto más adelante.

Número 9. La Verdad es no-controladora

Esto diferencia a la verdad de lo que venden las sectas en las que el líder quiere controlar a todo el mundo hasta los mínimos detalles: sus vidas sexuales, cómo deben vestir, si deben llevar barba o no, si han de llevar sombrero. ¿Qué le importa a Dios si llevas sombrero o te dejas barba? Las sectas se caracterizan no solo por el control, sino por la casi esclavitud.

Número 10. La Verdad está libre de fuerza o intimidación

La desventaja de las sectas es que se produce un lavado de cerebro progresivo. Hay todo tipo de adulaciones hacia el líder: "Oh, maestro, esto y lo otro, Baba, Baba". Todo tipo de rituales y adoctrinamientos. En realidad, estas personas están siendo programadas científicamente. Y tú te preguntas: "¿Cómo es posible que personas programadas para buscar la verdad estén haciendo lo que hacen?". La gente no se da cuenta de lo poderosa que es la programación. Por eso hay desprogramadores profesionales, porque una vez que has sido programado, eres ciego y sordo. Las personas atrapadas en sectas están en una situación desesperada y pueden hacer cosas peligrosas al verse obligadas e intimidadas.

Número 11. La Verdad no ata

La verdad espiritual es completa y total en sí misma. No tiene nada que ganar, de modo que no tiene ninguna regulación. No tiene ninguna ley, ni contratos. No tienes que firmar nada. La sabiduría aconseja que nunca hagas un juramento o promesa. ¿Por qué? Porque estás atándote para más tiempo que esta vida. A la gente le ocurre todo tipo de cosas horribles, y si investigas la propensión kármica, es posible que hicieran un juramento en otra vida. Hicieron un juramento, y generalmente el juramento acaba en: "Si no cumplo el juramento, que el revés sea mi destino". En cuanto oigas esto, ten cuidado, porque, ¿sabes qué? Kármicamente, el revés va a ser tu destino porque hiciste ese juramento.

Número 12. La libertad es innata a la Divinidad

Kármicamente, nosotros somos los únicos que remamos en nuestra canoa, que se mueve en función de nuestras elecciones y opciones. Así, la verdad espiritual exhibe la cualidad de la divinidad misma, la libertad. Todo es voluntario. No hay adulación de la gente: las personas que sirven en organizaciones espirituales son servidores, hacen lo que les toca hacer y no tiene sentido la adulación ni este tipo de cosas.

Número 13. Comunalidad

Esto significa que el reconocimiento depende de lo que seas. Tu realidad surge de aquello en lo que te has convertido y de lo que eres ahora, no es el resultado de alguna adición externa, de un título o signo externo, de un puesto o de algún poder extraño. El reconocimiento es producto de aquello en lo que te has convertido verdaderamente. Damos crédito a la gente porque creemos en su integridad, no porque tenga un título.

Esto contrasta con los líderes de sectas. El único poder que tienen es su título, pero, si lo calibras, su conocimiento de la verdad generalmente está por debajo de 200.

Número 14. La Verdad inspira

La inspiración es distinta del *glamur*. Muchas personas se sienten impresionadas porque a un profesor se le da el nombre de gran avatar y tiene millones de seguidores en todo el mundo. Sin embargo, cuando calibras a ese avatar, calibra aproximadamente en 300. Tienes que mirar más allá de los seguidores, del título y del teatro. Hay demasiadas vestimentas y postureos, y siempre es popular vestir una túnica y sandalias, y tener el pelo largo y cosas así. Como el viejo símbolo de Jesús. Estoy seguro de que Jesús ni siquiera tenía ese aspecto.

Número 15. La Verdad es no-materialista

La verdad espiritual no está interesada en ganancias económicas, riquezas, pompa, etcétera. Hay muchas sectas. No son raras. Son comunes, y te desplumarán económicamente y trabajarán contigo por tu dinero. En realidad, es horrendo. Piensa en ello en estos términos: si eres completo y total dentro de ti mismo, ¿de qué te va a servir la riqueza mundana? Bien, lo que ocurre es que el líder de la secta o de la religión lo justifica. Dice: "Si tenemos mucho dinero, vamos a poder extender la buena nueva y salvar al mundo". Claro, todos los que han quitado la integridad a la religión han dicho exactamente lo mismo: "En el nombre del Señor, puedes legarnos todos tus bienes". Y, entre tanto, tu esposa puede trabajar gratuitamente en la cocina y nosotros nos encargaremos de tus hijos a partir de cierta edad, y puedes traspasarnos tus propiedades aquí mismo; con esto acabas de salvar tu vida. Esta es una racionalización muy endeble. Te preguntas cómo alguien puede decir: "Por el bien de la fe, necesitamos tu riqueza". ¿Por qué son siempre tus riquezas lo que ellos necesitan?

Número 16. La Verdad es completa en sí misma

Ya es completa y total. No necesita vender. De modo que esto es lo contrario del proselitismo, la propagación, la publicidad y la promoción.

Muchos de estos grupos simplemente están vendiendo alguna técnica espiritual. Posiblemente se trata de una técnica simple, que puedes leer en cualquier libro espiritual. Toman un par de frases y construyen todo un programa en torno a eso. Y ahora te cobran 450 euros por un fin de semana de formación. Entre tanto, hacen una publicidad muy elegante. Es como invertir en el mercado de oro, o algo así. Como esas grandes propuestas que llegan por correo. Después tienen allí personajes célebres, actrices y nombres famosos, que juran lo magnífica que es esta técnica. Y por supuesto que tiene un precio. Muchas de estas organizaciones tienen sistemas de *marketing.* Tanto si venden una aspiradora como una técnica espiritual específica, el *marketing* es exactamente el mismo. La estrategia es la misma y los anuncios son iguales. Y tienen una foto del gran líder, y también famosos diciéndote lo maravillosas que ahora son sus vidas.

No cobro nada por mis talleres. Ahora bien, también están los legítimos costes de las publicaciones, de alquilar un espacio, de los empleados, etcétera. Pero lo que suele ocurrir es que la gente siente la necesidad de vender constantemente, de comercializar, promocionar y proselitizar, y pierden de vista la intención. ¿Cuál es la intención?

Es importante entender la diferencia entre ganarse la vida y obtener beneficios. El beneficio es un concepto distinto. Todos los ministros tienen que ganarse la vida para poder dedicar su tiempo y energía a cuidar de su rebaño. Obviamente, un ministro íntegro recibe apoyo de su congregación. Conseguir beneficios significa que ha salido de su congregación y ahora empieza a explotarla.

Número 17. La Verdad es desapegada

La verdad misma está desapegada de los asuntos mundanos porque no depende de ellos. El grado de verdad que exhiben los asuntos mundanos es conocido, pero no hay intervención humana. En otras palabras, no me oyes decir "quiero salvar al mundo". Como dijo Ramana Maharshi, entrega el mundo a Dios y conserva tus intenciones egoístas hacia lo que percibes, porque lo que percibes ni siquiera existe. Solo es tu percepción. Lo que consideras un desastre es la salvación de otra persona. De modo que, si quieres convertir este mundo en un nirvana, perderá su propósito. Tendrías que crear otro planeta al que puedan ir las almas en evolución —donde haya una mezcla de opciones positivas y negativas— de modo que puedas deshacer el karma negativo y adquirir karma positivo.

Si conviertes esto en un reino celestial, no habría ninguna razón para ir a otro reino celestial. Este *sería* el reino celestial. Si consideras que el propósito de este planeta es la evolución de la conciencia, entonces es un mundo perfecto. Este mundo es perfecto tal como es. No hay nada que mejorar. Si la gente no tocara fondo, no giraría hacia lo positivo, ¿cierto? ¿De modo que les vas a privar de la oportunidad de tocar fondo?

Mi comprensión sobre la intención de la vida humana es que ofrece un máximo de oportunidades para la ganancia kármica. Después de todo, Buda dijo: "Raro es nacer como ser humano". Es extremadamente raro nacer como ser humano; es un regalo kármico. ¿Por qué querríamos negar el regalo de haber nacido como seres humanos? La vida humana tiene sus desventajas —pobreza, enfermedad, vejez, muerte, pena y pérdidas—, pero esto es lo que se aprende en la vida humana. De modo que continúas volviendo hasta que dejas de estar apegado a ella.

Número 18. La Verdad es benigna

La verdad es benigna porque es identificable a lo largo de todo el nivel calibrado. Su opuesto no existe a menos que lo demonices. Las personas que luchan contra la ausencia de verdad personalizándola como el diablo o el mal, o algo así, están en guerra con un enemigo invisible. ¿Cómo vas a poder ser el enemigo de Dios? ¿Cómo puedes ser el enemigo del Cielo? Aquello que prevalece más allá de todo tiempo-espacio-localidad y que es no lineal no es vulnerable a nada. ¿Cómo podría tener un enemigo? ¿Tiene el cielo un enemigo? Dime,

¿quién es el enemigo? ¿La luz del sol? No, la verdad no tiene enemigos.

Número 19. La Verdad es no-intencional

La verdad no interviene. No está tratando de promulgar ni de promocionar nada. La integridad espiritual invita, pero no promociona. Nosotros te decimos cómo es, cómo era, y cómo es ahora... Estas son las famosas palabras. Y si quieres unirte a nosotros, te recibiremos con los brazos abiertos, pero no tenemos nada que ganar promocionando tu participación o tu creencia en nuestro sistema. No hay nada que promocionar ni nada que ganar, porque, cuando llegas al punto de promocionar, has hecho concesiones. La verdad no hace concesiones ni está condicionada. No tiene nada que vender. No tiene nada que ganar. No está interesada en tener poder sobre otros.

Número 20. La Verdad es no-dualista

Todo ocurre en virtud del potencial que se hace realidad cuando las circunstancias son propensas, cuando las condiciones son las correctas. Ves el emerger del potencial convirtiéndose en realidad, lo inmanifestado volviéndose manifestado. Lo que realmente estás viendo es el despliegue de la creación.

Número 21. La Verdad es tranquilidad y paz

Esto es una especie de desarrollo de lo que hemos dicho antes: tranquilidad y paz, tener paz mental. En otras palabras, no puedes hacer que tu paz mental dependa de las consecuencias. Puedes guiarles a la fuente, pero no puedes obligarles a beber, porque de otro modo no tendrías paz mental. Lo que *puedes* ofrecer a la gente es la verdad. Y a continuación, el efecto depende de su propensión kármica, porque ese es su propósito para estar en este mundo; las personas que están realmente alineadas con la verdad y se han elevado hasta cierto punto, se sienten electrificadas en el momento en que la oyen. En cuanto oyes la verdad, te dices: "Eso es. Lo capto".

La tranquilidad y la paz significan que no estás intentando forzar a otros. No estás intentando controlar a Dios. Todo el mundo quiere ayudar a Dios. Pero Dios no necesita ayuda, tal como la gravedad no necesita ayuda. El campo de conciencia infinito es infinitamente poderoso.

Número 22. La Verdad es igualdad

En el capítulo 1 aprendimos que, si te gusta el chocolate, no tienes que repudiar la vainilla, porque la totalidad de la vida tiene su valor intrínseco. Y, por lo tanto, no es una cuestión de estar a favor de esto y en contra de aquello; es una cuestión de preferencias. Puedes preferir el chocolate a la vainilla, pero eso no significa que tengas que ser anti-vainilla. Podemos ver este juego en la política, y a menudo produce mucha alteración emocional. La gente no se limita a decir: "Prefiero este candidato porque..." y después te cuentan cosas maravillosas de ese candidato. Vilipendian al oponente. Y, según creo, paradójicamente los vilipendiadores tienden a ganar votos para el otro bando.

Número 23. La Verdad es no temporal

La verdad no se basa en lo físico. La verdad básica de todo esto es que la vida no está sujeta a la muerte. La vida no puede ser destruida; solo puede cambiar de forma. En cuanto dejas el cuerpo, miras hacia abajo y el cuerpo no tiene nada que ver contigo. De hecho, tendrás que convencerte para volver a él. Está allí, en la cama, y no tiene muy buen aspecto allí, en la cama del hospital... Y ahí estás tú, en paz y tranquilidad, como a unos seis metros del cuerpo.

Número 24. La Verdad está más allá de las demostraciones

La realidad espiritual es no lineal. Lo que es demostrable es lineal. Por lo tanto, no puedes demostrar la verdad espiritual. Es una realización completa en sí misma y no necesita acuerdo, no necesita verificación. No necesita nada en absoluto. Se alza por sí misma. Puede ser corroborada, verificada, es posible ser testigo de ella, pero no puede ser demostrada. Por eso hay diferencias entre ciencia y espiritualidad. La ciencia te lleva hasta la puerta, pero no puede atravesarla, porque para cruzar la puerta tienes que cambiar de paradigma. Vas de lo lineal a lo no lineal, y, en lo no lineal, que es un paradigma de la realidad diferente, se trata el contexto en lugar del contenido. De modo que la posibilidad de que algo sea demostrado está dentro del contenido, pero el contexto es algo diferente. Y, por supuesto, el contexto de la realidad espiritual es infinito.

Número 25. La Verdad es mística

La verdad es mística porque está más allá de la lógica. No puede ser intelectualizada ni mentalizada. La gente dice: "Oh, eso es místico". Místico significa que está en una dimensión diferente, en un paradigma distinto. La verdad espiritual emerge por sí misma cuando se retira aquello que la obstruye. No es algo que se construye; por lo tanto, no es demostrable. Cuando retiras las nubes del cielo, el sol brilla; eso es todo. Y retirar las nubes no es la causa de que el sol brille.

Número 26. La Verdad es inefable

La verdad es incapaz de ser definida linealmente. El psicólogo William James escribió un libro muy famoso, y él fue quien introdujo el término *inefable* para describir las experiencias religiosas y espirituales. La verdad es puramente subjetiva. Lo que ocurre en el contenido disminuye y queda reemplazado por el puro contexto sin linealidad. Esto no puede describirse. De modo que, el problema de intentar describir la realidad espiritual es que, si intentas ponerla en palabras, el lenguaje se basa en premisas diferentes, y además es pura subjetividad. Si sientes que amas algo, que aprecias algo, lo más que puedes hacer es dar una especie de explicación superficial, pero en realidad no puedes recrear la experiencia. No puedes recrearla. Es inefable.

Número 27. La verdad es simplista

La verdad es simplista porque es no lineal. La linealidad conduce a la complejidad. Simplicidad: el cielo simplemente es lo que es. La luz del sol es lo que es. La naturaleza es lo que es. Tú ves la perfección de todo lo que existe. Y si la persona no puede ver la perfección, es imposible hacer que la vea. A cierto nivel, ves la belleza intrínseca y asombrosa de todo lo que existe. Por supuesto, una de las funciones del artista es elegir algo, una pequeña parte de la vida, y hacer que le prestemos atención. Sacarla del contexto en el que ocurre y representarla en un contexto diferente. Ahora puedes ver su singularidad y su asombrosa belleza. Pero hasta que el artista no te la señala, no te das cuenta de ella. Edgar Degas mostró a las bailarinas de ballet descansando y masajeando sus pies, en sus zapatillas de ballet. Esto ocurría detrás del escenario del teatro, no estaba pasando nada especial. Pero él quiso mostrar este momento, y vimos un diseño increíble. Degas pintó algunos de los cuadros más famosos del mundo.

Número 28. La Verdad es afirmativa

Está más allá de ser demostrada. Por lo tanto, está más allá de opiniones, y solo puede ser confirmada siendo ella. Tú solo puedes *ser* la verdad. No puedes confirmarla o demostrarla. Solo puedes saber lo que es ser un gato siendo un gato. De modo que puedes leer todas las enciclopedias que quieras sobre los gatos. Cuando preguntas al gato: "¿Te están describiendo?", el gato dice: "Eso no tiene nada que ver con quien yo soy". Le dices al gato: "Bien, ¿quién eres tú?", y el gato responde: "Yo". Subjetivamente, todos nosotros nos identificamos con nuestra propia existencia.

Número 29. La Verdad es no-operativa

Esto es un poco difícil de entender. Como no es lineal, no hay un esto ni un aquello. La verdad es no dualista. Se alza por sí misma. No *hace* nada. Podrías decir que es el escenario; es como el cielo, que no hace nada y simplemente *es*. De modo que la realidad última, que es lo que queremos alcanzar, es que el significado de todas las cosas es lo que ellas son. El significado de esta mesa queda completamente explicado por lo que ella es. Y cualquier proceso mental con respecto a la mesa es completamente innecesario. Todo significa aquello que ello es. Lo que cada cosa es es su significado. Cuando dices: "¿Quién eres tú?", y después dices: "Yo soy yo", eso se debe a que es una declaración completa y total. No requiere amplificación.

Número 30. La Verdad es invitadora

La verdad espiritual atrae debido al poder de su integridad. Las sectas que emplean la coerción, la intimidación y cosas así están usando la *fuerza*. La verdad espiritual viene del poder. Y atrae: ejerce una atracción magnética sobre las personas que calibran por encima de 200. Para las personas que están por debajo de 200 puede tener el efecto contrario, y ellas evitan la verdad porque es un dominio diferente en el que no pueden sobrevivir. Si tu supervivencia se basa en la falsedad, lo último que quieres hacer es afrontar la verdad última.

Número 31. La Verdad es no-predictiva

Simplemente a nivel físico, vimos que según el principio de Heisenberg el estado del universo —tal como es ahora, y que podemos definir mediante la ecuación de Schrödinger— cambia por el mero hecho de observarlo. Porque lo que ocurre es que la función onda colapsa del potencial a la realidad. Ahora tienes una nueva realidad. De hecho, tienes que usar fórmulas matemáticas diferentes, como la ecuación de Dirac. De modo que has pasado del potencial a la realidad. Esta transformación no ocurre sin la intervención de la conciencia. En consecuencia, una cosa podría permanecer como potencialidad durante miles de años. Y viene alguien que la mira de una manera diferente, y ¡bang!, se convierte en realidad. Y así lo inmanifestado se convierte en manifestado como consecuencia de la creación. Por lo tanto, es imposible predecir el futuro porque tendrías que tener la mente de Dios, puesto que la creación se va desplegando desde el potencial, dependiendo de las condiciones locales y de la intención. Tú no tienes ni idea de cuál es la intención. La intención puede cambiar dentro de un segundo. Si el futuro fuera previsible, la existencia humana no tendría sentido porque no existiría el beneficio kármico, la ganancia ni la capacidad de deshacer lo negativo. Estaría confinada a la predestinación. La predestinación y las proyecciones de futuro pasan por alto el propósito de la existencia, y se saltan toda la comprensión de la evolución de la conciencia. No habría mérito ni demérito kármico. No habría salvación. No habría cielo. No habría estratificación de los niveles de conciencia. Todos simplemente emergeríamos perfectos en un reino perfecto. Y, por lo tanto, esta vida no tendría ningún propósito en absoluto.

Son absurdas: todas esas predicciones sobre el futuro son absurdas. Y si las calibras, todas están por debajo de 200. "Seres del futuro, que ni siquiera existen todavía, van a entrar en tu reino y contarte esto y aquello". Es todo un sinsentido.

Número 32. La Verdad es no-sentimental

Mucha gente confunde la espiritualidad con el sentimentalismo. Dicen: "Oh, si somos amables con ellos, ellos también lo serán con nosotros". Yo te digo: si eres amable con ellos, te cortarán la cabeza lentamente. No van a ser amables contigo. ¿Por qué? Porque, para ellos, tú eres un infiel. Para ellos, tú eres un hereje, y como hereje, mereces morir. El sentimentalismo se confunde con la compasión espiritual. Es una conducta caracterizada por abrazos, lloreras, y debilidad, que se vende como espiritual. No es espiritual en absoluto. Es emocionalismo autoindulgente y narcisista. En realidad, si vamos a ser honestos, es una conducta infantil.

Hay diferencia entre la compasión y el sentimentalismo. La compasión ve la esencia de las cosas. Sentimentalismo es aferrarte a lo que ellas significan para *ti*. Es proteger tu percepción de lo que está ocurriendo ahí fuera y después entrar en un espasmo emocional al respecto. Cuando eres testigo de la muerte, eres testigo de la muerte. No tiene sentido preocuparse. Deberías estar suficientemente desapegado. Es inevitable. El día de mañana va a llegar. Todo el mundo está abrazándose, diciendo: "El día de mañana va a llegar, el mañana va a venir". Eso es autoindulgencia. El sentimentalismo implica emocionalidad, porque al ego le encanta el drama emocional. Al ego le encanta ocupar el centro del escenario en la tragedia griega, representando al héroe. Es tu manera de estar en el centro del escenario de tu teatro imaginario interno sobre lo que es tu vida y su significado. La realidad espiritual no obtiene ninguna recompensa de los posicionamientos del ego.

El sentimentalismo es melodrama. Su lugar está en el escenario. Trata de convertir la vida en un teatro.

Le digo esto a la gente para ahorrarles el dolor de seguir una dirección que les va a suponer aún más dolor. Conozco gente que todavía vive el duelo de haber perdido a un familiar hace 40 o 50 años. ¿Por qué? Porque la recompensa es grande. Quieren simpatía, pero están tomando energía de todos los que les rodean. La gente que está a ese nivel toma energía de tu plexo solar. Cualquier cosa que esté por debajo de 200 toma energía de ti y lo que está por encima de 200 te da energía.

El sentimentalismo es un vampiro energético. Tenía una persona que trabajaba conmigo en la clínica, y en una ocasión colgó el teléfono después de hablar con una cliente y me dijo: "Esta mujer quiere destriparme con su historia". Pensé que esa era la mejor descripción posible de la llamada telefónica.

La compasión tiene una actitud completamente distinta. Pueden sentir simpatía por alguien que sufre, pero descubres que renuncias a ella después de un tiempo. Más adelante, sientes empatía: "Sí, sé cómo te sientes realmente". Y después acabas en la compasión, y ahí no tratas de influir en lo que le esté pasando al otro. Lo que le pasa es suyo para que pueda sufrir, aprender de ello y completar su lección kármica.

Puedes sentir compasión, pero no cargas con la situación. Eso es. Porque, si tomas la responsabilidad, acabas de unirte a la obligación kármica y a las consecuencias kármicas. Piensa en las multitudes que en el siglo XVIII contemplaban las decapitaciones en la guillotina. Podrían pensar: "Oh, solo es la persona que está allí arriba, el verdugo, quien carga con el mal karma de hacer esto". No, los espectadores también están asumiendo una obligación kármica. Así, debido a su participación simpática, grandes cantidades de personas están siendo barridas periódicamente por tsunamis, inundaciones o volcanes. Antes solíamos atribuir esto a Dios. "Dios está enfadado y se siente celoso". En realidad, lo que estás viendo en las participaciones grupales son las consecuencias del karma grupal.

Bien, detesto recordártelo, pero ahora tienes una obligación. Has participado en una acción. El campo infinito de conciencia es, como he dicho, un campo electromagnético gigantesco. De modo que, dentro de tu pequeño cuerpo magnético, que es como una limadura de hierro dentro del campo, está codificado este suceso.

Ese pequeño código te empuja a entrar en cierta corriente de energía y acabas ahogándote junto con el resto de la multitud.

Nada ocurre por accidente. La justicia es universal. Todo ocurre como consecuencia de lo que ello es. Por tanto, cada decisión que tomas influye en lo que tú eres. Las consecuencias que se producen son una consecuencia de lo que tú eres. Por eso, la justicia de Dios es perfecta y absoluta. No necesita la ayuda del ser humano en absoluto. Tú estás donde estás, y estás donde estás debido a la energía del campo: eres atraído hacia ella. No sabes por qué te sentiste atraído a ir allí cuando fuiste, porque no tienes un recuerdo consciente, pero el poder infinito del universo es tal que, si tomo un campo magnético de poder infinito y tú tienes incluso un hilo de energía afín a dicho campo dentro de ti, vas a ser absorbido de inmediato. El campo es así de poderoso. De modo que, si estás animando entre la multitud cuando cae la guillotina, acabas de depositar un hilo de esa energía en tu herencia kármica, y no es accidental que a continuación reexperimentes la misma situación, pero a la inversa.

La gente se siente atraída por lo espantoso y espectacular. Esto es emocionalismo, que por debajo de 200 tiene una poderosa influencia. Y cuanto más por encima de 200 estás, menos influencia ejerce. Los accidentes de automóviles son algo común. Decir "¿Y qué?" puede sonar duro de corazón, pero lo dices porque no estás apegado. Cuando estás apegado, te pones sentimental. De modo que el no estar apegado significa que algo puede ser o no ser: es irrelevante.

Estar desapegado significa indiferencia. No te importa si otros están sufriendo, como los que están dentro del coche que ha volcado. Por otra parte, no estar apegado significa que puedes parar para ayudarles porque no tienes miedo de que el suceso te absorba. Puedes avisar al teléfono de emergencias, asegurarte de que alguien viene de camino, quedarte un rato y después irte, pero no te has sentido absorbido. Emocionalismo significa que ahora eres absorbido en la energía de la situación, y también en su karma.

Número 33. La Verdad es no autoritaria

Una de las razones del emerger del secularismo, de la creciente popularidad del secularismo, especialmente en Europa, es que Europa vivió sus días de autoritarismo eclesiástico. Muchos morían por ser protestantes o por no ser protestantes. Digamos que nuestra cultura ha dicho basta al autoritarismo. Y una de las principales razones es que se confunde la autoridad con el autoritarismo, aunque son dos cosas distintas. El autoritarismo es el abuso de autoridad. La autoridad es una posición legítima en virtud de algo que te has ganado. El autoritarismo no requiere autenticidad. Cualquiera puede adoptar un estilo autoritario. Para ser una autoridad, la gente generalmente deja de ser autoritaria.

Como médico, sé lo que va a curar a un paciente. En mi autoridad, le digo: toma esto, porque existe una probabilidad del 90 por ciento de que te sientas mejor en cuestión de días.

Ahora bien, lo que hagan con ello es su problema. No tengo que asumir responsabilidad kármica por su aquiescencia o su desacuerdo. Si están en desacuerdo, puedo explicárselo todo, pero permitiendo la libertad de que los demás sean quienes son. Así, cuando intervienes, están entrando en juego tus propios campos de energía kármicos, por así decirlo. Al participar, en cuanto te involucras en los asuntos de otro, estás asumiendo cierta responsabilidad kármica.

Aconsejamos a nuestros hijos, y debido a su amor por nosotros, tenemos la esperanza de que al final nos hagan caso. Por otra parte, todos tenemos lecciones que aprender, y tal vez sea más importante que aprendan del error al que les lleva ese camino que agradar a sus padres.

Número 34. La Verdad es no egoísta

Esto es contrario a toda la pompa ceremonial de la religión, las vestimentas y los accesorios, y toda la parafernalia. Creo que un profesor debería ser respetado. Los estudiantes preguntarán: "¿Qué quieres de nosotros?". Simplemente respeta la verdad de lo que estoy diciendo, y la energía y el compromiso que tengo puestos en ello para intentar expresarlo y exponerlo de la mejor manera posible. Eso es todo. Lo único que deseo es un comportamiento íntegro. Si eres carpintero y fabricas un buen mueble que durará doscientos años, eso es buena carpintería. Por tanto, lo único que queremos es reconocimiento.

Hemos hablado del respeto, pero la adulación es un juego. En realidad, es un juego que desarrolla el adulador. El adulador está tratando de aprovecharse del adulado, pensando en obtener alguna ganancia. Además, lo que está adulando es la imagen, y la magia asociada con esa imagen, y toda la pompa y la ceremonia. Este avatar tenía millones de seguidores en todo el mundo, y si lo calibras, apenas pasa del nivel 200. Pero sabe ofrecer un buen espectáculo.

Número 35. La Verdad es educativa

Tratas de proveer los medios mediante los cuales cualquier persona interesada pueda llegar a la verdad por su cuenta. Tratas de describirla, verbalizarla, grabarla, imprimirla, difundirla por cualquier medio. Tratas de que la información esté disponible. Si descubres que $E=mc^2$, quieres que todo el mundo sepa qué son las matemáticas, qué es la física, cómo es el mundo físico de las partículas subatómicas, cómo está diseñado. Porque así es como el mundo crece, cuando cada persona aprende cosas nuevas. Ese es el propósito de la enciclopedia. Sirve para aprender y crecer. Nosotros contribuimos a ello.

Lo único que hace el profesor es contribuir al conocimiento del mundo, e intenta proveer inspiración y explicar con integridad. De modo que el estado de ser profesor, que reemplaza lo que era la mente, no genera una ocasión para la grandiosidad. Por otra parte, tampoco puede ser ignorado. De modo que das testimonio del hecho de que, cuando se eliminan las nubes, el sol brilla. Y también de que, cuando te golpee el invierno, es posible que no seas capaz de funcionar durante bastante tiempo. De modo que el estudiante espiritual íntegro debería estar preparado con anterioridad para el estado de inmovilización. Cuando te sientas en el nivel 600 y estés lleno de dicha, vas a sentarte en una roca y podrías caerte, porque te resulta irrelevante si el cuerpo se sienta allí o no.

La razón por la que también hablamos de las desventajas, de los inocentes seducidos por sectas que no son íntegras y cosas así, es que creo que un profesor debería avisar con antelación a sus alumnos de los aspectos negativos. "Si vas a visitar una zona peligrosa, mantén el bolso pegado al cuerpo y no se lo dejes a una extraña para que te coja prestada la barra de labios". Se parece mucho a ser padre. Avisas a tus hijos de las trampas que pueden surgir, porque, en el lado de las desventajas, cada nivel de conciencia tiene su trampa.

Número 36. La Verdad se sustenta por sí misma

La verdad no es mercenaria ni materialista. Que se sustenta por sí misma significa que cobra por los gastos que se produzcan. Si organizas una conferencia, te va a costar dinero; entonces lo divides y tratas de calcular por cuánto se pueden vender las entradas y si te va a quedar un remanente para pagar a la gente de la oficina hasta la conferencia siguiente. De modo que se propaga por sí misma, y no tienes que solicitar fondos ni buscar financiación. No tienes que trabajarte a la gente. Oigo continuamente que se han trabajado a alguien por el bien de la causa. En realidad, se les ha explotado usando técnicas de venta.

Número 37. La Verdad se alza por sí misma

La credibilidad de la verdad no depende de nada externo. ¿Por qué es así? Porque su autoridad viene de la realidad de lo que ella misma es, que es puramente subjetiva y experiencial. De modo que no tienes que citar autoridades. Por ejemplo, en los libros que he escrito, prácticamente nunca cito a una autoridad. Lees cualquier libro de espiritualidad y hay interminables citas de algún otro autor de otro tiempo y lugar. Bien, ¿por qué no hablan por sí mismos? Puedes mencionar que Sócrates está de acuerdo en eso para dar un poco de contexto histórico, pero citar a Sócrates no sirve para darle autenticidad, sino como clarificación. Así se puede ver que hay una tendencia a lo largo de la historia humana. La verdad de ese nivel ya estaba disponible en el año 400 a.C. y en realidad no ha cambiado, y su aplicación a la vida espiritual actual es tan pertinente como lo era entonces. De modo que, para realizar una declaración no dependas de citar a una autoridad externa. La única razón por la que $E=mc^2$ es que el profesor fulanito dijo eso, y también menganito, ya sabes, en 1922. La verdad se basa en su propia comprensión y realización. Se alza por sí misma, se eleva por su propia cuenta. De modo que yo he hecho que este trabajo se sustente en sí mismo y pueda ser confirmado por cualquiera que desee practicarlo.

Número 38. La Verdad es natural

Debido a eso en lo que te has convertido, la energía kundalini fluye automáticamente en función del nivel de conciencia a través del sistema de chakras, del sistema de acupuntura, y altera la fisiología cerebral como consecuencia de lo que ella es. Recuerda que a partir de 200 y hacia arriba, la fisiología cerebral cambia el cerebro izquierdo por el derecho. Y toda la secuencia de procesamiento es completamente distinta. Esto es natural. Es una consecuencia de aquello en lo que te has convertido. Si conviertes tu vida en una devoción para llegar a ser eso, y *eres* eso, puedes ver la belleza y la divinidad de todo cuanto existe y la sacralidad de la totalidad de la vida. Ves la divinidad que irradia a través de toda la creación. Pero si tratas de imitarlo, lo alteras completamente. Vemos muchas de estas extrañas manipulaciones de los sistemas de energía. Vi uno en televisión la otra noche; se suponía que era levitación, o algo así. Era ridículo. Si lo calibras, no tiene nada que ver con la levitación. La levitación, habiendo pasado yo mismo por los *siddhis* o poderes yóguicos, puedo decirte que no tiene nada que ver con algo que tú haces. No tiene nada que ver con cómo respiras, o con si imaginas luces fluyendo a tu alrededor, si recitas palabras concretas o si respiras a través de una fosa nasal o de la otra. Los *siddhis*, que pueden presentarse en cierto nivel de conciencia, fluyen en sentido ascendente por tu espalda, como una energía exquisita. Y esta energía, espontáneamente, por lo que ella misma es, fluye hacia el mundo. Todos los fenómenos paranormales ocurren automáticamente como consecuencia de ella. No tiene nada que ver contigo personalmente. Intentar forzar estas cosas de una manera no natural puede resultar catastrófico.

Y es posible que hayas leído sobre la psicosis de la kundalini, o sobre los estudiantes cuya energía ascendió por un lado y no por el otro, y se quedaron desequilibrados, o tambaleándose, y estuvieron enfermos durante años, etcétera. Y esto viene de intentar forzar la energía kundalini. La energía espiritual es energía divina. Lo que estás intentando hacer es forzar la mano de Dios: "Voy a respirar esta energía a este chakra y entonces seré esto y aquello". ¿Por qué no eres esto y aquello y entonces la energía llegará a ese chakra? Es como intentar conducir al caballo con un bugui. No, eso en que te has convertido atrae hacia sí mismo lo que concuerda con ello, con lo que ello es. No aconsejo intentar forzarlo de manera no natural.

Puedes pasar por toda la gama de la evolución de la conciencia, y a lo largo del camino no hay otros, no hay ángeles que te hablen, ni arcángeles. No hay visiones ni voces saliendo de los árboles. La hierba no emite murmullos, ni hay monos que de repente se pongan a hablar.

No hay maestro en el otro lado. No hay otra entidad, incluso en el nivel más elevado en el que tienes que entregar tu vida misma, allí no hay *otro*. Cuando tienes que tomar posiblemente la decisión más importante en la evolución de la conciencia, no hay otro para guiarte. No hay otro, no hay ángel guardián, no hay Baba. No hay nadie allí. Estás absolutamente solo. Lo único que te acompaña es una frecuencia y una energía en el aura. Esa es la gracia del gurú, la gracia tradicional del maestro. Así, la enseñanza espiritual elevada brilla como una frecuencia vibratoria, una frecuencia de alta vibración en tu aura. Esa es la transmisión silenciosa, pero no es un personaje. Es una frecuencia y una energía de conocimiento, que no surge de otra parte, sino de dentro de uno mismo en forma de un saber, porque toda evolución espiritual es una revelación. Todo temor es una ilusión. Atraviésalo. Y como estás ofreciendo tu propia vida, ese conocimiento viene con una frecuencia vibratoria muy elevada. Su poder tiene que ser mayor que el del ego. El ego ha estado presente durante mucho, mucho tiempo. Milenios. Mucho antes de que se pensase en la humanidad. El ego gobernaba la energía de esa energía. Más te vale tener un conocimiento al nivel más profundo. Entrega tu vida a lo desconocido y atraviesa la puerta.

Con la verdad, no existe el confiar en cosas externas. No puedes entregar tu vida a una entidad invisible del otro lado, calibrada o no calibrada. La mayoría de las entidades que están en el otro lado quieren tener poder sobre ti: ¿Por qué se quedarían dando vueltas por allí en lugar de dirigirse a los reinos celestiales? No oyes repentinamente una voz que dice: "Soy el Maestro Hookah. Tengo 35.000 años. Sígueme". No, no ocurre así. Esto es complicado, pero, por otro lado, es muy simple.

Capítulo 7

Los nueve fundamentos del crecimiento espiritual consciente

En los últimos capítulos hemos despejado los obstáculos al crecimiento espiritual, los tentáculos del ego, y las falsas ideas que algunos tratan de disfrazar como verdades espirituales. Como dicen los grandes educadores y entrenadores, ahora vamos a volver a los aspectos básicos. La sección que sigue, tomada del programa de radio del doctor Hawkins In the World But Not Of It *[En el mundo, pero no del mundo], delinea los nueve fundamentos del crecimiento espiritual consciente. Enfócate en estos fundamentos y aplícalos a tu vida, y si no haces nada más, estarás avanzando a buen ritmo hacia los niveles más altos de iluminación.*

Para empezar, el doctor Hawkins nos ofrece un marco de referencia en cuanto a la calibración de la historia mundial. También aborda cómo y por qué hay altibajos en los niveles de conciencia, y qué tipo de cosas les afectan.

No creo que pueda explicar el porqué, aparte de decir que este es el patrón de la evolución de la conciencia en este planeta y en esta época. Pero hemos notado que, en general, el nivel de conciencia de la humanidad ha ido creciendo con el tiempo. Como aprendimos en el Capítulo 1, en los tiempos del nacimiento de Buda, la conciencia general de la humanidad estaba en 90, y en tiempos del nacimiento de Jesús había ascendido a 100. Durante la Edad Media estaba aproximadamente en 180. Y gradualmente ascendió a 190. A continuación, el nivel de conciencia de la humanidad permaneció en 190 durante muchos siglos. No cambió en absoluto. De repente, en el año 1988 creo que fue, saltó de 190 a 205. No solo cruzó el nivel 200, sino que fue *más allá*. De repente, saltó y no hay una explicación lógica para ello, excepto quizá que este era el destino de la humanidad.

Siempre hago chistes al respecto. Pienso: "Bueno, Dios probablemente se acordó de la Tierra y tuvo un pensamiento bondadoso. ¡Bang!, saltó de 190 a 205". O los arcángeles dijeron: "¿Qué es ese planeta loco de ahí abajo?", y tuvieron un pensamiento bondadoso. Un pensamiento amoroso sería suficiente para conseguirlo.

Yo diría que fue el buen karma acumulado de la humanidad. Hablando a nivel práctico, el esfuerzo hacia la bondad que se realizó, aunque no de manera instantánea, fue lo que elevó el nivel de conciencia.

Durante la Segunda Guerra Mundial, con todos los bombardeos que se produjeron —como los bombardeos sobre Londres, 24 horas al día, mes tras mes—, la mayoría de las grandes catedrales escaparon sin daños. En 1971 hablé en algunos lugares de Europa, y me di cuenta de que todos estos edificios habían sobrevivido. De algún modo, la catedral de Chartres, en Francia, y todas esas otras catedrales se salvaron. La humanidad de ambos lados respetó lo que tenía mucho valor y significado. De modo que es justo una acción así —la decisión de ambos lados de sacrificar victorias para reconocer la divinidad— lo que puede contribuir kármicamente. Si quisiéramos parar aquí, podríamos calibrar esto e investigarlo. El acuerdo conjunto de ambos lados fue salvar las grandes catedrales, que se remontan a la antigüedad. Se tardó 1.000 años en construirlas, y fueron hechas para el bien. Un gran acuerdo conjunto orientado hacia un buen fin puede ejercer una profunda influencia. Es como cuando elevas el nivel del mar, con él ascienden todas las naves. Y veo que, generalmente, lo que la humanidad intenta hacer es ir corriendo de una nave a otra, y elevar primero esta y después aquella, en lugar de promover lo que contribuye al bien común. Entonces, lo que prevalece por el bien común, por su propia bondad eleva a todos hasta ese nivel de capacidad y responsabilidad.

Los cambios en los niveles de conciencia también se atribuyen al hecho de que la evolución no es un suceso lineal; es más bien como un proceso de fermentación que después se para un poco. Es más como la naturaleza, donde tienes años de grandes inviernos y otros de grandes veranos, y después las diversas glaciaciones, etcétera.

Por tanto, es algo cambiante. Yo pensé ingenuamente que una vez que el nivel de conciencia empezó a ascender a finales de los años 80, continuaría ascendiendo. No fue así, de repente bajó. Pasó de 207 a 204; es evanescente. Es como un pulso que tiene su flujo y reflujo. Hay periodos de gran progresión y después hay periodos de regresión temporal.

Pero creo que el destino general de la humanidad es que la conciencia evolucione hasta el nivel en el que la encarnación física ya no aporte ningún beneficio particular. Pienso que, en el mundo en general, el 15 por ciento de la gente está por encima de 200 y el 85 por ciento por debajo. En Estados Unidos, el 55 por ciento está por debajo y creo que el 45 por ciento está por encima. De modo que vamos revisando la calibración periódicamente para comprobar, porque si enciendes la radio o la televisión y te preguntas: "¿Cómo es posible que alguien se sienta atraído por esto, o impresionado por esto, o que quiera unirse a esto, o aplaudirlo o apoyarlo?". Bien, dado que el 55 por ciento de la gente está por debajo de 200, ya sabes por qué lo sádico, lascivo, deshonesto, etcétera, tiene tantos seguidores.

Puedes ir a un programa de televisión con muchos seguidores, y limitarte a extender odio, ilusiones paranoicas y teorías de la conspiración, y quejarte como un lunático. Vas a tener un público fascinado porque ahí es donde viven la mitad de ellos: malicia, enfado, mentira, engaño.

LOS NUEVE FUNDAMENTOS DEL CRECIMIENTO ESPIRITUAL CONSCIENTE

Número 1. Desarrollar un sentido de la verdad y la integridad

Tienes que respetar la verdad y la integridad. Digamos que eres médico. No puedes operar a alguien sobre la base de que tienes una opinión. Tienes que hacer la prueba de rayos-X; tienes que hacer un test diagnóstico. Tu primera impresión podría estar completamente equivocada. Tienes que estar dispuesto a cambiarla. De modo que tienes una obligación que está más allá de tu opinión personal. Por lo tanto, para crecer espiritualmente, tienes que sentir respeto por el hecho de que hay numerosas personas que han evolucionado mucho más allá de donde estás tú, y respetas lo que tienen que decir hasta poder verificarlo por ti mismo. Tienes que ser como un médico experto contigo mismo y retener el diagnóstico final hasta contar con todos los datos.

Yo he estado a punto de morir media docena de veces en mi vida debido a los diagnósticos equivocados. La persona tenía una impresión por lo que yo había dicho, y resultó ser completamente errónea. Se equivocó completamente en el diagnóstico. Yo trabajé en mi consulta durante 50 años y te digo que no puedes alcanzar el éxito profesional si te limitas a seguir tu opinión. Tienes una intuición cuando el paciente entra por la puerta, y puedes tener razón el 90 por ciento de las veces, pero eso significa que el otro 10 por ciento de las veces te vas a equivocar. De modo que debes tener la humildad de darte cuenta de que tus opiniones están sujetas a ser verificadas por la verdad, por la realidad, por los hechos.

Número 2. Alcanzar la humildad

Tienes cierta sensación cuando te limitas a ser narcisista y a estar al servicio de ti mismo, en lugar de conservar el desapego y el deseo de saber la verdad tal como es. Si miras las noticias, verás que hay una inclinación dentro de ti a querer que la historia vaya en cierta dirección: que fulanito estaba mintiendo y menganito no mentía. Cuando ves esa inclinación, te dices a ti mismo: "¿De dónde viene este sesgo? ¿Por qué querría cambiar la historia para satisfacer mi propia opinión?". Empiezas a monitorizarte a ti mismo.

La espiritualidad supone cierta autoconciencia y monitorización de ti mismo: no puedes limitarte a tropezar ciega e inocentemente, cayendo dentro de esto y fuera de aquello, yendo de un entusiasmo al siguiente, o de una aversión a un apego. Por tanto, la labor espiritual disciplinada contempla la existencia de una verdad superior, y tú te dedicas a llegar a ella de un modo u otro. Pides a Dios que te revele la verdad. Pides al Espíritu Santo un milagro que te permita ver las cosas como realmente son, y no como tu opinión o tu percepción las está enmarcando, porque empiezas a ver que tu mente hace sus selecciones enmarcando las cosas, y que descartas lo que no quieres que se presente ante ti como una opción.

Entonces alcanzas cierto grado de humildad. La esencia del crecimiento espiritual es la humildad de que puedes estar equivocado, de modo que no tienes preferencias con respecto al resultado, porque si tienes una preferencia, eso no te permite aprender de la experiencia de que podrías estar equivocado. Hay un viejo chiste: "Es posible que tenga muchos defectos de carácter, pero estar equivocado no es uno de ellos". Así habla el ego narcisista.

Número 3. Conciencia y maestría de uno mismo

Este camino hacia el crecimiento espiritual consciente pasa por la autoconciencia. Empiezas a darte cuenta de que estás dando mucha importancia a las cosas de ahí fuera, y que les estás proyectando valor en y por sí mismas. Recuerdo una vez que estaba en Londres, donde conservan las joyas de la corona, en la Torre de Londres. Estaba allí mirando al fabuloso, maravilloso, mundialmente reconocido diamante Koh-i-Noor, y no es sino una pequeña piedra brillante, que atraería a un niño porque brilla. Cuando piensas en lo que la gente tuvo que pasar para conseguir ese pequeño cristal brillante: estaban dispuestos a renunciar a imperios. El mayor diamante del planeta: allí está, ¡y todo lo que la gente está dispuesta a hacer por conseguirlo! ¿Qué harías con él si lo tuvieras? ¿Lo esconderías debajo de la almohada? No podrías venderlo. No podrías exhibirlo.

De modo que obtendrías una gran satisfacción narcisista al darte cuenta de que tienes el diamante más valioso del mundo. Pero si alguien descubriese que lo tienes, te mataría al instante porque él o ella también querría tener el mayor diamante del mundo. De modo que, en realidad, el núcleo del narcisismo es la pomposidad. La pomposidad de tener razón, y en el mundo de hoy la mayor pomposidad es la superioridad moral.

Número 4. Responsabilidad

Existe la moralidad ética, y la toma de conciencia básica es que has de rendir cuentas, que eres responsable. De modo que, si no piensas que has de rendir cuentas, y no tienes responsabilidad, entonces no estás obligado a ser ético, porque no hay divinidad y no hay nadie ante quien responder. Extrañamente, descubrimos por accidente que la técnica de calibración de la conciencia, que es tan simple, no puede ser usada por un buen porcentaje de gente. Como mencionamos en el Capítulo 2, un ateo no puede usarla. La gente pregunta: "¿Qué tiene el ateísmo que ver con esto?". A quien refuta la fuente y el núcleo de la verdad se le niegan sus beneficios. Ha habido algunas personalidades famosas, generalmente son profesionales que desdeñan la técnica, que no consiguen hacerla funcionar.

Me llevó algún tiempo detectar qué estaba ocurriendo y finalmente lo averigüé. A quienes niegan la verdad de Dios se les niegan los beneficios de la verdad. Esto no es un juicio, es simplemente que la cualidad de esa energía es tal que no puedes conseguir que la técnica funcione. Algunas personas no tienen ningún talento musical. No pueden diferenciar entre los tonos de la escala. Y después hay personas de oído muy fino que pueden diferenciar si desafinas en un cuarto de tono. O bien tienes el don musical o no lo tienes, y probablemente esto está determinado kármicamente. Si has maldecido y negado a Dios, no puedes esperar que la verdad de Dios venga a ti al instante. Es posible que para recuperarla tengas que ganártela. Yo creo que el progreso espiritual es algo que se gana.

La capacidad de rendir cuentas es responsabilidad, y este es un aspecto central de toda evolución espiritual. O bien eres responsable de tus respuestas o bien no lo eres. Si consideras que no eres responsable, no puedes realizar el test muscular para evaluar la verdad. Si no eres responsable, eso niega el valor de la verdad. De modo que quienes niegan la verdad no pueden hacer el test. Las personas que están por debajo de 200 no pueden hacerlo. En la parte medida de los 400 la gente es inteligente, íntegra, responsable, toma responsabilidad y está evolucionando conscientemente. Por tanto, la rendición de cuentas es necesaria.

Nos damos cuenta de que hay dos grandes clasificaciones de la falsedad. Lo satánico, que es básicamente mal, violencia, etcétera; y lo luciférico, que es la sustitución de la verdad por la falsedad. Los más malos demuestran el empleo de ambas falsedades. Para empezar, invierten la verdad y después ofrecen una descripción satánica de Dios. Entonces, ¿cómo puede ser tan prevaleciente? Los nativos americanos veían a Dios como la divinidad de la naturaleza. Pero la historia de Dios como gran castigador prevalece, y se le retrata en términos antropomórficos, vengativo y enfadado. Esto hace que mucha gente se aleje de la religión. No quieren enfrentarse a un Dios tan malo como un ser humano. Todos nosotros sentimos celos, ira, venganza, entonces, ¿cómo es que Dios tiene estos mismos rasgos?

En un momento dado pensé: "¿Por qué una descripción tan negativa de Dios es recurrente durante milenios y en distintas partes del mundo?". Se debe a los desastres naturales. Terremotos, inundaciones e incendios, por eso los dioses deben estar enfadados. La gran mina colapsa, y se producen terremotos y tsunamis, y grandes plagas. Los dioses deben estar enfadados. Eso es todo, ¿cierto? Ocurre un desastre humano natural, según el principio del karma. Y te dices: "¿Cómo puede ser esto?". No es posible explicar lógicamente por qué estabas allí en el momento del tsunami, o del terremoto o de la inundación; por qué estabas en San Francisco durante el gran terremoto. El Dios iracundo sería la conclusión obvia, y ahora vas a intentar apaciguar a Dios. Puedes agradarle matando a todos los infieles. Por lo tanto, como puedes ver, lo negativo surge de la experiencia humana y de una explicación primitiva basada en los desastres naturales. Tenemos que apaciguar a este Dios iracundo para que no nos fulmine.

Compartimos el destino de la humanidad, y eso es algo que en lugar de fomentar la división puede vincularnos: al igual que nosotros, las personas que vemos como enemigos estás sometidas a las mismas vicisitudes. La responsabilidad y la rendición de cuentas son fundamentales.

Número 5. Simplificar tu vida

El camino espiritual no es en absoluto un sendero recto y estrecho, que ya está establecido. Es muy errático. Hay periodos de gran e intensa pasión y devoción espiritual, y en esos estados estás dispuesto a sacrificarlo todo, y después hay periodos de sequía en los que no parece ocurrir nada. En sus autobiografías, los grandes santos han escrito que hay periodos en los que el cambio espiritual es tan rápido que apenas puedes mantener el ritmo: hay todo un nuevo paradigma de la realidad que se ve reemplazado por otro mayor.

Y después hay periodos de sequía espiritual. La gran santa Madre Teresa habló de ellos. Yo los contextualizo como periodos de sequía, porque, en cierto estado de conciencia, la presencia de la divinidad de Cristo es aparente, pero después hay otro periodo en que empiezas a depender de eso, y tienes que descubrir la divinidad dentro de ti mismo en lugar de quedarte esperando a ser inspirado por visiones espirituales. Es muy bello tener visiones espirituales de santos y divinidades visitándote, pero después, a cierto nivel, tienes que renunciar a tu dependencia de ello, porque todavía sigue siendo algo que viene de fuera. La visión espiritual sigue siendo algo "que-viene-de-fuera". Y la realización del Ser, con S mayúscula, no es algo "que-viene-de-fuera"; es la totalidad de la realidad del todo. He pasado por muchos periodos de gran excitación. He pasado por periodos de gran impulso, periodos de gran éxtasis, periodos de enorme calma. *Satchitananda* está en 600. Recuerdo cuando topé con eso. En ese punto, tienes permiso para irte del mundo. Recuerdo que estaba sentado en una roca. Entré en un estado divino, y tuve el permiso y la invitación para irme. Podía irme o no, porque mantener el cuerpo físico ya no tenía un propósito real. No me sentí impulsado a ir en esa dirección. Por otra parte, no había ganancia alguna en abandonar la dimensión física. No había ganancia ni pérdida fuera donde fuera. No importaba, de modo que pensé: "Bien, dejaré las cosas tal como están sin darles más importancia", y finalmente, después de unas horas, el cuerpo se puso de pie y se alejó caminando. Así es como fue.

Es tanto una elección como un estado natural. Cada uno de estos estados puede ser secuencial, o se pueden alternar en distintos momentos de la vida. Hay un tiempo para el aprendizaje espiritual. Lees todos los libros, vas a todas las conferencias, etcétera. Estás adquiriendo conocimiento y comprensión.

Y después hay periodos tranquilos en los que te puedes retirar del mundo durante diez años, salir de la ciudad de Nueva York e irte a vivir a una pequeña ciudad de la que nadie ha oído hablar y no ver la televisión. Durante años no leí un periódico ni una revista. No tenía ni idea de qué estaba pasando en el mundo. No tenía aparato de televisión. Si hubiera tenido uno, no lo habría encendido. De modo que esa fue, digámoslo así, una década de desapego del mundo. Una vez fui a la ciudad, entré en una cafetería y oí que habían disparado al presidente Reagan. No lo sabía. No tenía radio ni televisión. No hablaba con

otras personas y tenía un estilo de vida muy simple y mo-
nástico. Viví así durante toda una década. Tenía una lata
de refresco y un pedazo de queso en el frigorífico, eso
era todo. No iba a ninguna parte, no necesitaba nada; la
vida era completa y total de instante en instante.

En el estado no iluminado, la vida va de lo incompleto
a lo completo. En el estado iluminado, la vida va de lo
completo a lo completo, y a lo completo. Cada instante
ya es completo. Para la persona media, incompleto significa que tiene que cambiar esto, mover aquello, subir
el termostato. Pasa continuamente de lo incompleto al
momento siguiente. De modo que en el estado de compleción —puedo recordar cuando finalmente lo alcancé— estás en medio de una comida, suena el timbre de
la puerta y no te molesta no poder terminar de comer. Ya
estás completo. Has comido la mitad del alimento y ya
estás completo.

Estar incompleto es pensar: "No puedo esperar hasta
masticar esto y tragarlo, y entonces estaré lleno y después lo volveré a hacer". Vas de estar incompleto a un
estado de mayor compleción. La compleción se produce
cuando todo está completo y satisfecho en este momento. Tal como pienso en ello, todo ya está completo hasta
este momento. Si nos detenemos ahora, me siento satisfecho de que todo esté completo. Puedo caerme ahora
mismo, tumbarme en el suelo e irme. No hay razón para
no hacerlo, excepto que sería una pesadez. Tendrían que
llamar a una ambulancia y todo eso. No quieres obligar a
un amigo a pasar por eso; ya sabes, tienes que llamar al

médico, y conseguir que alguien se lleve el cuerpo. Todo eso es un incordio. De modo que no quieres hacer eso a un amigo. Si estás en medio del bosque totalmente solo y no tienes a nadie más en tu vida, podrías simplemente tumbarte e irte, y con el tiempo te comerían las bacterias. No hay prisa.

Número 6. Tener un sentido del propósito

Contextualizamos nuestras vidas dándoles sentido y significado, y etiquetándolas. El nivel de los 300 es muy útil y profundo. Ese es el nivel de los bomberos y policías voluntarios y de las megaiglesias. En él hay entusiasmo: música, animación, danza y aplausos. Surge la energía de vida, y cuando todo un grupo recibe un chorro de energía de vida así, resulta muy estimulante y edificante, y ciertamente te lleva por encima del nivel 200. Elevarse por encima del nivel 200 es la parte más significativa. La gente situada por debajo de 200 entra en el entusiasmo, en el contagio, y en la energía espiritual de un grupo así. Eso los eleva y dicen: "¡Vaya! ¡Y eso que estaba ridiculizando a Dios, a Jesús y la espiritualidad, esto es increíble!". Experimentan alegría. De modo que elevas a un grupo así con entusiasmo y dándoles ánimos, prestándoles fuerza e incrementando su poder.

Una enseñanza clásica recomienda estar en compañía de santos. Solo cuando tú mismo has evolucionado hasta ese nivel, puedes mantenerlo *sin* la compañía de santos. Por ejemplo, hay una creencia en Alcohólicos Anónimos que dice que, si abandonas el grupo y dejas de ir a las reuniones, vuelves a caer, porque lo que te mantenía a salvo no era tu energía, sino la energía del grupo. El grupo de Alcohólicos Anónimos calibra en 540. Permanecer en compañía de santos es otra de las cosas que puedes hacer para potenciar tu evolución espiritual. La compañía de santos te da energía, motivación y respaldo. Y a medida que te involucras más espiritualmente, ya no la necesitas. No es solo una cuestión de necesitar la ayuda; es una cuestión de aprovecharla. Y aprovechar la ayuda es estar en compañía de santos, porque es algo que nuestra sociedad ofrece.

En cuanto entras en una catedral, eres llevado de inmediato a otro marco mental. He estado en las grandes catedrales de Europa, e incluso pasé una noche meditando en las grandes pirámides de Egipto. La atmósfera contribuye en cierta medida, ¿ves? No asumas que solo eres tú o que solo es la pirámide; es la interacción entre la pirámide y tú. Es la interacción entre la catedral de Chartres y tú. Cuando caminas por el laberinto de la catedral, aprendes a entrar en el estado de conciencia de caminar por un laberinto sin entrar necesariamente en la mecánica de cómo se ha de caminar por un laberinto, y comienzas a valorar ese campo energético de paz, y la sensación de presencia interna que conlleva.

Tuve que reírme la última vez que estuve en la catedral de Chartres; tenían sillas distribuidas por allí para que la gente no pudiera caminar por el laberinto. Pero lo puedes hacer meditando, y de hecho consigues el mismo efecto si tienes una fotografía del laberinto y sigues mentalmente el recorrido. Hay algo único en ese diseño, y a lo largo de los años los monjes descubrieron que el mero hecho de recorrerlo mentalmente, incluso si solo es con un lápiz sobre el dibujo, te pone en un estado meditativo.

No obstante, este es un nivel de conciencia muy avanzado. La mayoría de las personas creen que tienen deficiencias y que han de hacer algo especial para alcanzar ese estado, y yo digo: "¿Cómo puedes alcanzar un estado superior y divino si lo has comprado a costa del sufrimiento y la muerte de otros? Es decir, ¿cómo justificas kármicamente que vas a ir al cielo si la única manera de ir al cielo es matando a otros?". Esto me parece muy retorcido, o al menos no está alineado con mi comprensión de la divinidad y del amor universal.

La gente siempre pregunta: "¿Qué puedo hacer por el mundo?". Ramana Maharshi dice que el mundo que ves ni siquiera existe. En realidad, solo ves tu percepción del mundo. Crees que el mundo te necesita a *ti,* pero, en realidad, no es así en absoluto. La evolución de cada persona contribuye al nivel del mar; cada persona contribuye al hacer de su vida una oración. Cuando doy sermones ocasionales, el sermón siempre es sobre cómo convertir tu vida en una oración. Conviértete en aquello sobre lo que hablas; aprende, lee y canta himnos, conviértete en *eso.* Porque, al ser eso, tu simple existencia ya transforma el mundo. Cada uno de nosotros eleva el nivel del mar no por lo que hacemos y decimos, sino por aquello que hemos llegado a ser. Los grandes reyes, emperadores y conquistadores han ido y venido. Todos han ido y venido y han producido todo tipo de olas. ¿Y qué ha conseguido eso? Nada. Te das cuenta de que tu percepción y tus juicios no tienen la menor importancia.

Número 7. Ser amoroso

Hay diversas fases en las que amar a otros es maravilloso, pero no te amas a ti mismo. Y después está el amor narcisista por ti mismo y no por otros. A continuación, es posible que renuncies al narcisismo y que ames la totalidad de la vida en todas sus expresiones. Mediante esta amorosidad, ves el valor intrínseco de todo cuanto existe, ves la divinidad de todo lo que existe. La fuente interna de la existencia es la divinidad misma, que es informe, pero después toma forma: ventana, pared, puerta, árbol, micrófono, alfombra. Ahora bien, para empezar, es la presencia no lineal de la divinidad interna la que permite la existencia lineal. Sin la divinidad como fuente de la existencia, no existiría nada, y mucho menos la forma lineal.

Entonces se toma conciencia de la divinidad de todo lo que existe, incluyendo nuestro propio yo. Existe una obligación hacia Dios de llegar a ser todo lo que puedes ser, así es como sirves a Dios: no poniendo dinero en la bandeja [de la iglesia], aunque eso resulte útil en cierta fase. No mediante las buenas obras, no dando a los pobres, no organizando picnics para los minusválidos. Tu obligación hacia la divinidad es perfeccionar tu propio ser hasta el máximo grado posible, sentirte agradecido por tus dones, y después cultivarlos para ver cuál es el mejor modo de ponerlos al servicio de la humanidad. Yo mismo tenía muchos dones en mi vida. Pero, en realidad, eran como una carga. Sentía una sensación de obligación moral, una presión, que en parte me llevó a hacerme médico. Pensé que mi vocación última era dedicarme a aliviar el sufrimiento de la humanidad. Entonces vi que el sufrimiento a nivel físico ya era suficientemente malo, pero el sufrimiento mental era todavía peor, porque al menos en el nivel físico puedes hacer algo tangible. Puedes operar, poner una inyección, anestesia, antibióticos. Como médico, psiquiatra y maestro espiritual, me sentía muy atraído hacia el sufrimiento interno, que en realidad es un estado de conciencia, y hacia el alivio del sufrimiento humano. Y mi motivación actual es compartir lo que pienso que alivia el sufrimiento humano en el nivel más elevado: avanzar en la conciencia, que por su propia naturaleza alivia el sufrimiento e incrementa el nivel de felicidad.

Pasé de ser médico a ser psiquiatra, y después maestro espiritual. Y sigo investigando con el objetivo de incrementar ese desarrollo eventual. No se trata de intentar cambiar a otras personas. Algunas personas sienten la motivación de cambiar a los demás. Cuando te das cuenta de que al convertirte en todo lo que puedes llegar a ser, al máximo de tu capacidad, ya estás cumpliendo con tu obligación, las consecuencias de ese proceso ya no están en tus manos, sino en las de la divinidad.

Número 8. Superar la oscuridad

El odio es contagioso y una multitud dispuesta a linchar a alguien lo demuestra. Mira lo que ocurrió después de la guerra civil entre las diversas facciones de la sociedad, el Ku Klux Klan, y los grupos políticos que estaban activos. La humanidad está evolucionando constantemente, y lo hace de manera irregular y fragmentada. Un sendero que guía a una persona por el mal camino resulta edificante para otra, dependiendo de cuál sea su motivación para avanzar por ese camino y de su nivel de conciencia en ese momento. Tienes que entender tu propósito y tu objetivo, y hacerte cargo de tus defectos.

Los niveles de conciencia calibran de 200 hacia arriba y también de 200 hacia abajo. Para transcenderlos, tienes que responsabilizarte de ellos sin caer en el moralismo de juzgar a otros. Porque hay un punto importante: cada emoción negativa no está sola. En realidad, todas las emociones negativas van juntas y ocurren al mismo tiempo. A veces, una de las más destacadas puede ser la ira, pero debajo de ella está la envidia, y debajo de la envidia hay un sentimiento de depresión, y debajo de la depresión, resentimiento. Y así, la sombra está compuesta por todo el colectivo, por todo lo que calibra por debajo de 200.

La mayoría de las personas dotadas de honestidad espiritual lo admiten cuando están molestas, enfadadas, o se sienten culpables, y lo exploran. Lo exploran para ver de dónde surge eso y adónde les lleva. Haz esto y descubrirás que cada emoción negativa está apilada sobre otra que queda debajo. Eres orgulloso. ¿Por qué eres orgulloso? Porque te sientes deficiente. ¿Por qué te sientes deficiente? Porque no satisfaces tus deseos. ¿Y por qué no satisfaces tus deseos? Porque estás enfadado. ¿Y por qué estás enfadado? En realidad, la sombra es todo el colectivo. Todas estas emociones ocurren al mismo tiempo. Estás enfadado, ¿por qué estás enfadado? Porque alguien ha herido tu orgullo. El orgullo es egoísmo inflado.

Tu problema no es que pienses poco en ti mismo, sino que piensas demasiado. El mundo debe estar a tu disposición. Tu indignación, tu ira, tu orgullo y tu resentimiento, todos ellos van juntos. Y finalmente acaban llevándote al fondo de la desesperanza y la desesperación, cuando renuncias a todo y te limitas a balancearte adelante y atrás en la mecedora diciendo: "No puedo hacer nada al respecto. Soy un fracaso y no tengo remedio".

El enemigo al que odiamos es la proyección de nuestro propio lado oscuro. Vemos a los comunistas como el mal último, o a los fascistas, o a los republicanos, o a los demócratas, o a los negros, o a las mujeres. Hay racismo, sexismo, religionismo, edad-ismo.[2]

• • •

Os he contado mis experiencias internas de dejar ir y entregarlo todo hasta que ya no quedaba nada por entregar a Dios y todo estaba en silencio. Y entonces, de

---

2. Prejuicios relacionados con la edad.

la nada surgió la conciencia de que todavía no había entregado mi vida a Dios. Había entregado todo lo demás, pero no la vida. Y entonces me llegó este conocimiento de que eso también debía ser entregado. Había entregado la alegría, el éxtasis, la paz, la serenidad, todo tipo de cosas a Dios. Todo eso se había ido y todo estaba en silencio. Estaba en un lugar muy elevado. Allí no había nadie, no había otras entidades.

En los espacios elevados no hay otras entidades hablándote o dándote instrucciones, o dictándote cosas. No había nada excepto un conocimiento que surgió de la nada: el conocimiento de que eso que yo soy está más allá de la vida y de la muerte. Aferrarme a la vida era lo último que me quedaba. La tenacidad de aferrarse a la vida. Entregué mi vida. Y me llegó el conocimiento de que "todo miedo es ilusión".

La voz del maestro que irradia desde el aura tiene que venir de lo absoluto. No puede venir de lo relativo o del pensamiento. Tiene que venir del absolutismo del conocimiento absoluto de haber estado allí y de haber pasado por esa situación. De modo que ese conocimiento absoluto era que yo entregaría mi vida a Dios. Y entregué la vida misma. Existencia tras existencia, no entregas la fuente de la vida misma, porque este es el núcleo del ego narcisista que piensa que él es el autor de la vida, el centro y la esencia de la vida. Al entregar lo que la mente había creído durante eones, surgió un gran terror. Un terror severo que, afortunadamente, solo duró unos momentos.

Si te rindes al terror, el terror desaparece y el miedo se va para siempre. El miedo, que había estado allí desde siempre, ahora se había ido para siempre. Por tanto, la mortalidad es, en primer lugar, la mortalidad del cuerpo físico, en esta encarnación particular. Y finalmente, a medida que sigues entregando cosas, todos los temores desaparecen. Lo que te ocurra es irrelevante. ¿Por qué es irrelevante? Porque eso es un problema de Dios. Si ahora mismo el techo se nos cae encima a todos, eso es el problema de Dios, ¿cierto? Simplemente nos vamos a quedar sentados y vamos a esperar a ver qué hace Dios al respecto. Tal vez envíe un camión, o una grúa, o ambulancias, o tal vez no. Tal vez sigas respirando, o tal vez no.

Lo que ocurre a continuación es que tienes que regresar a esta vida particular, con la aceptación de la mortalidad como algo inevitable y superar el miedo a morir. Solo es una cuestión de aceptación. El miedo a la muerte es lo que hace que parezca horrible, porque estás luchando contra él. Cuando lo aceptas, no es horrible en absoluto. Te mueres... ¿y qué? No es gran cosa. Está bien.

Una de las razones por las que las personas tienen miedo a morir es la responsabilidad moral, y la razón por la que no quieren morir es que saben que van a tener que afrontarla. Viéndote a ti mismo como realmente eres, piensas: "No quiero estar en mi alma para siempre. No quiero eso. No quiero esa falta de bondad. No quiero esa negatividad. No quiero que ese egoísmo esté ahí, y ruego para tener la oportunidad de corregirlo". Entonces vas a ser más simpático, más comprensivo, más perdonador, más amoroso. Vas a valorar la vida por encima de las ganancias. La responsabilidad moral es la razón por la que la mayoría de la gente tiene miedo de morir, porque te das cuenta de que vas a confrontar la verdad de lo que has sido. Si aceptamos la responsabilidad moral en nuestro tránsito por la vida, no acumulamos miedo en torno a ella.

Por supuesto, llegado a este punto, ves que, como parte de tu responsabilidad moral y de tu miedo a la muerte, te surgen creencias con respecto a la divinidad. A medida que creces espiritualmente, puedes ver que tu miedo a la muerte disminuye, porque ves a Dios como misericordioso. En el lecho de muerte te das cuenta de que vas a tener a un compañero.

El concepto de la divinidad puede ser misericordioso o punitivo. Las profundidades del infierno son algo que nadie desea experimentar, ni siquiera por unos segundos. Además, no puedes experimentarlas durante unos segundos, porque, experiencialmente, cada segundo es una eternidad. Así, en la elección entre cielo e infierno, una decisión te acerca más al cielo y otra te acerca más al infierno. Si llegas a estar muy avanzado espiritualmente, te das cuenta de que no merece la pena correr riesgos. Puedes obtener una victoria temporal para la vanidad, controlar a otros y conseguir una revancha. Te ríes brevemente cuando das un puñetazo a alguien en la cara. Tal vez se lo merezca. No obstante, a continuación, la responsabilidad te lleva a elegir entre dos puertas. Una lleva al cielo y la otra al infierno.

Dios no te arroja al infierno; tú mismo, por tus propias elecciones, te llevas al estado de abyecta desesperación y desesperanza. ¿Cuáles son los límites de la libertad? Francamente, no hay ninguno. La libertad no tiene ningún límite. Puedes elegir odiar a Dios. Puedes elegir amar a Dios. Puedes elegir ser generoso. Puedes elegir ser tacaño. ¿Cuáles son los límites de la libertad? Solo la capacidad de la mente humana para ver qué opciones tiene: estar dispuesto a ver las opciones, si vas a ser tacaño o generoso, flexible, y capaz de aprender, crecer, madurar. La mayoría de la gente dice: "Bien, creo que lo que voy a hacer es intentar aprender de esta experiencia. Trataré de que cada aspecto de mi vida me lleve a crecer y madurar, y a desarrollarme espiritualmente". La vida posee una energía innata. Se le llama *élan vital*, siendo este un término francés que hace referencia a la energía vital de uno. La energía fluye a través de ti, tienes cierta energía. La vida fluye como energía.

Puedes mirarlo como una realidad teológica. Sabemos que los niveles calibrados de conciencia ascienden hasta 1.000, y lo que el mundo denomina *el mal* se sitúa por debajo de 200. Hay programas de televisión en los que todo el mundo aplaude la negatividad. El anfitrión está vertiendo odio de manera evidente, haciendo teorías de la conspiración. Ahora bien, ¿de dónde viene ese público? ¿Interesaría a un grupo de personas desarrolladas espiritualmente oír las teorías de la conspiración, que abundan en el desprecio, la ira y el odio? ¿Qué atracción producirían en el cielo? Tendrían mucho público en el infierno. A medida que evolucionas espiritualmente, matar, asesinar y torturar no resultan muy atrayentes, y cuando escenas así salen en la pantalla, te dices: "Señor, ¿para qué quiero ver esto?".

Número 9: Desarrollar el sentido del humor

Empiezas a ver que el humor sirve más a la humanidad que la gente que dirige el cotarro. El humor es más útil que todos esos grandes proyectos entusiastas —salvar al planeta, salvar al mundo, y todo eso— que hacen grandes y ostentosas exhibiciones. En realidad, para mí, el buen sentido del humor está más evolucionado espiritualmente que todos los santurrones que se creen mejores que tú.

El humor recontextualiza las cosas. Te sitúa en otro contexto. Y surge del contraste entre el contenido lineal y el contexto no lineal, que es lo que hace que sea divertido. Los grandes humoristas viven muchos años, personas como Jack Benny o George Burns. George Burns llegó a los 100 años. La mitad de las veces se caen en la bañera y mueren por fractura de cráneo. Me estoy recordando a mí mismo que, cuando llegue a su edad, no me ducharé en la bañera.

CRECIMIENTO ESPIRITUAL CONSCIENTE

Creo que Ronald Reagan demostró las características del crecimiento espiritual consciente. Calibraba en 500, o algo así. Winston Churchill también; él solo mantuvo unido al imperio británico en su día más oscuro. Churchill calibró por encima de 500. Tenía un corazón de león; puso al pueblo británico de pie y consiguió que afrontara los bombardeos.

La llamada a la unión puede venir de personas con gran corazón, y Churchill lo tenía. Hay científicos que tenían grandeza de espíritu, como Louis Pasteur. Fueron ridiculizados a pesar de los avances que realizaron. Grandeza de espíritu significa que aun sabiendo que vas a ser criticado, ves un gran beneficio en lo que haces. Algunas personas creyeron que las bacterias causaban infecciones, y casi los matan por ello. Pero gracias a esas personas hemos descubierto los antibióticos y otras innovaciones salvadoras. Cualquier cosa que alivie el sufrimiento humano y potencie la evolución de la conciencia es de gran valor. Algunos forman la punta de lanza de la investigación y otros contribuyen con su ratificación. Las grandes organizaciones filantrópicas elevan a los demás promocionando la educación y la salud.

¿Cómo podemos ayudar a otros? En primer lugar, haces lo que esté en tu mano, y después llegas al punto de volverte filantrópico, no necesariamente a nivel económico, sino filantrópico como un estado de conciencia. Te preguntas a ti mismo: "¿Qué quiero del mundo ahora mismo?". Nada. Y a continuación: "¿Qué hago con mi vida?". La mayoría de la gente dedica su vida a perseguir sus deseos. Bien, ¿qué ocurre a continuación, cuando los has satisfecho todos? ¿Qué ocurre cuando has cumplido todos tus deseos? ¿Entonces la vida deja de tener valor? No. Porque compartes con otros aquello en lo que te has convertido. Compartes lo que has llegado a ser.

El acto último de amor es compartir aquello en lo que te has convertido, de modo que tu vida se convierta en una oración. Te conviertes en aquello que predicas y enseñas. Muestras amor, muestras respeto, de algún modo mantienes al mundo unificado dentro de tu abrazo amoroso.

Ahora cierra los ojos e imagina el mundo entero con toda su población. Abre el corazón, irradia esa luz al mundo y abrázalo. Pongamos todos nuestros brazos alrededor de este mundo, alrededor de cada ser vivo, de cada pequeño sapo, de cada canguro, de cada persona. Pongamos nuestros brazos a su alrededor e irradiemos ese amor, y elevemos el amor con nuestra intención. Al volvernos infinitamente amorosos, nos convertimos en el destino de la humanidad, que es tomar conciencia de que la divinidad interna es la fuente de nuestra existencia.

Al principio, la gente aprende. Tienen que aprender, de otro modo ni siquiera van a saber lo que es posible. Pasado algún tiempo, el aprendizaje supone un obstáculo porque las personas se quedan atrapadas en sistemas de creencias, en lugar de experimentar la verdad. Al principio, aprender es orientarse hacia el sujeto; entonces eliges lo que parece cómodo y útil en tu vida, y lo persigues. Y después, llegado a cierto punto, dejas de leer sobre ello. Yo he regalado mi biblioteca espiritual varias veces en mi vida. Acumulas doscientos libros y luego dices: "Todo esto es mente y linealidad", y los regalas. Después, una década o dos más tarde, empiezas a acumular más libros. Y los vuelves a regalar.

EL MAYOR ERROR CON RESPECTO AL CRECIMIENTO ESPIRITUAL

La gente cree que crecer espiritualmente va a suponer un sacrificio, pero no es así. Sacrificas lo negativo, y supongo que algunas personas llaman a eso sacrificio. El crecimiento espiritual requiere tiempo y energía, y si tienes una familia, es posible que te preguntes "¿de dónde voy a sacar el tiempo y la energía?". Hay ciertos periodos en la vida en los que tienes una familia joven que está creciendo, y estás tratando de labrarte un porvenir en el mundo; generalmente, ese no es el mejor momento para decidir que te vas a hacer monje.

Tal vez puedas hacer un cambio en el estilo de vida más adelante. Creo que mucha gente tiene ganas de hacerse mayor y disponer de lo necesario para poder dedicar más tiempo a la vida espiritual. En muchas iglesias ves que la congregación está formada, principalmente, por gente mayor. Puede haber algunos jóvenes con niños pequeños, sí, pero verás que más de la mitad de la congregación tiene el pelo cano —en algunas iglesias, tal vez el 80 por ciento de la gente tiene el pelo blanco o gris—. Los cínicos podrían decir:

"Bueno, tienen miedo de morir, eso es todo". No, más bien se trata de que por fin tienen suficiente espacio y tiempo libre en su vida para poder hacerlo. Ahora tienen el tiempo y la energía, y el interés espiritual de mejorar sus vidas. La gente joven puede decir: "No tengo tiempo para eso". Bien, espera a otro momento. O aprende a realizar el trabajo espiritual en pequeños trocitos, en fragmentos. Cinco minutos de mostrarte amistoso. Yo digo que la mejor manera de hacerlo es mostrarse amistoso y amoroso con todos. Siempre doy las gracias a cada empleado de la tienda, y se sorprenden mucho. Procura hacerlo con cada empleado de cada tienda y con cada persona que te encuentres: simplemente muéstrate tan sonriente y amoroso hacia ellos como puedas. Eso les deja asombrados. Te miran como preguntándose: "¿Qué?".

Hice esto durante años en la ciudad de Nueva York. A veces pasaba andando por un edificio de apartamentos en la Quinta Avenida, y cuando pasaba al lado del portero, le decía buenos días y le sonreía. Al cabo de los días noté que tenía ganas de verme, y descubrí que uno puede detenerse, sonreír y decir hola a cualquiera. Puedo ir caminando por una calle de la ciudad de Nueva York e iniciar una conversación de manera instantánea casi con cualquiera. Debido a tu apertura y a tu amorosidad, no sienten miedo ni peligro. El instinto animal en ellos percibe que eres alguien seguro.

A medida que tu conciencia evoluciona, la gente te trata de otra manera. Tienen ganas de verte; se sienten elevados por tu presencia. Si vas a una fiesta, la fiesta es un éxito. Tu energía simplemente irradia por todo el salón. Sirves a los demás debido a aquello que has llegado a ser. Cuanto más amoroso te muestras, más sirves al prójimo y a Dios.

Capítulo 8

Prácticas espirituales

Ahora que ya has establecido los fundamentos del crecimiento espiritual consciente, tienes que iniciar un programa de prácticas espirituales regulares que te mantenga en forma y te ayude a ahondar en tu conciencia espiritual.

En este capítulo iluminador, el doctor Hawkins describirá algunas de las prácticas espirituales más importantes y eficaces que él recomienda, desde las más básicas a las más avanzadas.

MEDITACIÓN

Las prácticas meditativas profundizan tu comprensión de cualquier religión, y se parecen mucho a la contemplación. Generalmente pongo el énfasis tanto en la meditación como en alinear tu vida para hacer de ella una oración. Tratas de vivir y de convertirte en aquello que eres estudiando y aprendiendo. Aprendes a perdonar. Al principio, perdonar parece una práctica artificial. Jesucristo dijo: "Perdónales porque no saben lo que hacen".

Eso es un pensamiento mental, y cuando estás enfadado con alguien, lo que posiblemente cruzará tu mente es la idea: "Bien, probablemente debería ver esta situación de otra manera, pero no voy a hacerlo". Ahora bien, a medida que entras más en la práctica, empiezas a pensar: "¿Cómo puedo ver esto con otros ojos? ¿Cómo puedo cambiar mi experiencia de esto?". Esto requiere un estudio más profundo. Estás intentando ir de la familiaridad de lo intelectual a lo experiencial. Estás tratando de convertirte en aquello que antes era mental, ahora quieres incorporarlo a tu personalidad y a tu manera de estar en el mundo.

La meditación tiene mucha historia y podríamos dedicar horas únicamente a describir todos los caminos meditativos. Yo los he probado y experimentado todos. En los años 50 formé parte del primer instituto Zen de Nueva York, y practiqué la meditación Zen durante muchos años. Durante más de 20 años medité una hora por la mañana y otra por la tarde. Meditas en alguna verdad específica que has captado hasta que te conviertes realmente en la conciencia y en la realidad de esa verdad. Entonces ya no necesitas decirte: "Bien, debería perdonar a esa persona". Finalmente empiezas a ver que cada cual es simplemente como es, todo el mundo es lo que puede ser en ese momento. Cada cual está siendo lo que puede ser en ese momento, y si no es algo, es porque no puede serlo. Si las personas pudieran ser diferentes, lo serían. Sientes cierta simpatía por todos, sientes que todos están muy atascados en la condición humana. Y, francamente, la condición humana es extremadamente difícil, tanto para el individuo como para las sociedades y civilizaciones.

Una característica de la meditación es que te aleja del mundo. En otras palabras, tienes que reservar una hora por la mañana y otra por la tarde, o por la noche, como hacía yo. Y lo que le ocurre a mucha gente es que lo compartimentalizan. Cuando están meditando es una cosa, y después vuelven al mundo y es otra. La gente también hace lo mismo con la religión. Los domingos son muy religiosos, y a continuación, los lunes, vuelven a las andadas e inflan la factura como siempre, pero tal vez sintiéndose un poco culpables. Pero con la meditación uno se queda compartimentalizado.

Después de un tiempo, muchas personas renuncian a la meditación porque interfiere en su vida diaria. Esta mañana están demasiado ocupados, de modo que se la saltan, y mañana también van a estar demasiado ocupados. Entonces la meditación tiende a perderse. La contemplación es un estilo de vida en el que se agudiza la conciencia. La enseñanza clásica más cercana es la del *mindfulness*. *Mindfulness* es estar siempre consciente, ser consciente de lo que tu mente está haciendo en todo momento, no entrar en la inconsciencia y olvidar el operar interno de la mente. Te familiarizas con la mente. Te familiarizas, y la mente cambia realmente a medida que te vas familiarizando con ella.

Un estilo de vida contemplativo es más eficaz. Es una manera de estar en el mundo, porque ahora estás tratando de convertirte en aquello que has estudiado. Te permite practicar continuamente. Una persona puede permanecer en contemplación haga lo que haga. Mi propio estilo de vida fue contemplativo durante muchos años, y era consciente de cómo reaccionaba exactamente ante cada incidente específico. De esta manera, también tomas más conciencia de la realidad de otras personas. Tomas conciencia de su realidad, y sales de la visión solipsista de que la realidad es como *tú* la ves. Tomas conciencia de que hay una realidad, y tu manera de verla no es la única. No es que el mundo sea así, sino que así es como tú lo estás viendo.

Una comprensión repentina de esto me llegó relativamente temprano en mi vida, cuando participaba en grandes programas de televisión en la ciudad de Nueva York. Cuando vas a estos lugares porque eres el personaje de moda, todo el mundo te adula, y te llevan a la sala de maquillaje y te maquillan. Eres la estrella del momento. Empieza el programa de televisión y te están viendo millones de personas. Pero cuando el programa se acaba, las luces se apagan, los cientos de personas que había en el estudio desaparecen, y casi puedes oír un eco. Te vas del edificio; estás allí, en la calle, y de repente sientes que te hundes. Entiendo por qué las estrellas del rock y los personajes célebres toman drogas, porque cuando se acaba el espectáculo, no puedes gestionar cómo pasar de estar tan alto a darte de bruces con la nada. Siento simpatía por ellos.

En la meditación, al menos al principio, puedes entrar en estados de *samadhi*, estados muy altos, y al principio solo duran el tiempo que estás con los ojos cerrados y sentado con las piernas cruzadas, respirando, y todo eso; y viene ese estado maravilloso. Pero seguidamente, cuando te levantas y caminas por ahí, desaparece. Después, este estado se vuelve más y más prevaleciente: puedes levantarte y caminar por ahí, y el estado permanece. Finalmente, puedes vivir una vida relativamente normal y la condición se vuelve permanente. En último término, el estado excluye lo que llamaríamos la mentalidad normal en su conjunto, y te mantienes más o menos en ese estado. Una vez que ese estado acaba prevaleciendo, te vas del mundo, que es lo que hice yo. No tienes elección; te vas del mundo.

Transcurridos algunos años, uno aprende a readaptarse al mundo. Tardé muchos años en aprender a volver a ser funcional. Ahora el mundo es de una naturaleza completamente distinta. Es algo de lo que eres testigo. Ahora mismo, mientras te estoy hablando, hay una parte de mí que observa esto como un fenómeno que está ocurriendo por sí mismo. No tiene nada que ver con un *yo* personal. El proceso ocurre por sí mismo y se convierte en lo que yo llamo *la persona.* Hay una energía interactiva entre el mundo y el Ser con "S" mayúscula, que aprende a volver a funcionar en él.

La mayoría de la gente, cuando alcanza un nivel de conciencia extremadamente elevado, no retorna al mundo. Dejan de funcionar en el mundo. De hecho, a nivel estadístico, es muy inusual retornar. La mayoría se quedan en un retiro permanente, o viven en un *ashram,* y si quieres verlos, tienes que viajar muchos kilómetros. Ellos te sonríen con dulzura y te bendicen, y eso es todo.

Por la gracia de Dios, mi capacidad de explicar cosas y de enseñar retornó, y entonces acepté que este era el caso y continué enseñando. Pero, en el momento, debido a la naturaleza extrema del cambio de conciencia, no tuve otra elección que abandonar el mundo. Sus valores ya no me atraían, no tenía sentido perseverar en ellos. Además, uno sabe intuitivamente que lo que se le está pidiendo es algo muy distinto, de modo que más o menos me alejé de todo lo que el mundo considera real y atesora.

Cuando alcanzas este estado, simplemente eres testigo de la transición y de los cambios. Las personas se preocupan por qué les pasará si alcanzan cierto estado en el que no van a poder funcionar en el mundo, de modo que yo les digo: "Bien, en ese estado, *no puedes* funcionar en el mundo". La cuestión es que, cuando ese estado surja, ya no le tengas miedo. Es como cuando el pelo se vuelve gris; no es exactamente atemorizante. Simplemente es lo que hay.

●●●

Hay cierto punto en el que estás satisfecho con lo que puedes hacer en el mundo, y puedes ver que, si sigues haciéndolo, va a ser algo más, pero más de lo mismo. Una vez que tienes suficientes millones, ¿qué vas a hacer con otro más? Solo es una molestia, ¿sabes? Tienes que llamar al contable y decirle: "Mira, tengo cinco millones más para la compañía. Averigua qué hacer con ellos, ¿de acuerdo?". Y cuelgas. No te interesa.

Perseguir el éxito en el mundo pierde interés una vez que lo has conseguido, y sabes que lo has conseguido. Ahora bien, una persona que está kármicamente destinada a evolucionar, en primer lugar, se satisfará a sí misma. Se satisface con todo lo que quiere del mundo y después busca algo más allá, y descubre que se siente atraída por el trabajo espiritual. Cierto número de personas se sienten atraídas una vez que han alcanzado el éxito. Y, por supuesto, hay muchas personas que se sienten atraídas a lo largo del camino. No esperan tantos años a sentirse maestras del mundo antes de abandonarlo. Simplemente lo dejan porque la motivación espiritual es intensa.

Las personas tienen propensiones kármicas, fuertes propensiones kármicas. Algunas tienen fuertes impulsos espirituales desde temprano en la vida, y en un momento dado, la persona se aleja del mundo y encuentra toda una nueva área de interés. Es como renacer. Es una nueva vida. Algunas personas lo llaman renacer, despertar a la realidad espiritual, a toda una nueva dimensión y significado de la existencia. Y después, raras veces, uno de cada diez millones decide que se siente atraído a recorrer todo el camino a la iluminación, y también decide que tomará las decisiones necesarias para facilitarlo. Es posible que se vaya a un *ashram*. Ciertamente, empieza a meditar de manera muy regular, de manera importante.

Cuando vine inicialmente a una ciudad pequeña, me pasaba todo el día en estado meditativo. Empezaba a meditar a las siete de la mañana. Fue un cambio total en mi estilo de vida. Pero siempre le digo a la gente, no tienes que preocuparte por ello, porque no ocurrirá hasta que estés preparado. No te van a sacar repentinamente del escritorio de la oficina para obligarte a ir a un *ashram.* Es más probable que sea como que ya has tomado suficiente chocolate y ahora quieres probar la vainilla. Has saciado ese deseo. Cuando tocas fondo, renuncias a tu adicción al mundo.

Para las personas adictas al mundo, y a las novedades del mundo y a sus entretenimientos, si continúan haciendo trabajo espiritual, finalmente, de repente, se verán liberadas de esa adicción. La verdadera adicción es a la experiencia que el ego tiene del mundo. Recuerda que no se trata del mundo, sino de tu *experiencia* del mundo. De modo que hay algo en la manera en que estás experimentando el mundo a lo que te has vuelto adicto. Si te enfocas ahí, empezarás a progresar con rapidez.

Te das cuenta de que no eres adicto al mundo, eres adicto a lo que obtienes de él. Empieza a ver el "jugo" que el ego obtiene de cada experiencia. ¿Qué está obteniendo de esas experiencias? Y entonces empiezas a entregárselo a Dios. De modo que no tienes que entregar el Cadillac, lo que entregas es el sentimiento de orgullo, y éxito, y la satisfacción narcisista de ser dueño de ese Cadillac.

Con el progreso espiritual, empiezas a apreciar la simplicidad, y cuanto más simples son las cosas, tanto mejor.

CONTEMPLACIÓN

Está la meditación, y después está la contemplación. Estoy más a favor de la contemplación porque es una manera de estar en el mundo. Hacer que tu vida sea relevante es una forma de contemplación. La contemplación es un modo de alinearte con el contexto en lugar de con el contenido; con el contexto y con la intención de que tu vida esté al servicio del Señor y de tus semejantes. Debido al amor incondicional, pides a Dios que transforme cómo comprendes el mundo. La contemplación es una manera de estar en el mundo que contextualiza el significado, el sentido y la intención de tu vida. Seguidamente, esa recontextualización transforma tu percepción, y ahora ves las cosas de manera diferente de como las ve el mundo.

La mente mira hacia fuera y ve formas. Eso es lo lineal. La mente registra las formas y las reconoce. ¿Cómo lo hace? Lo hace porque siempre está observando. Al principio, crees que tú eres el contenido, que eres lineal y estás restringido. Esto se registra, y se produce el reconocimiento, pero, ¿cómo sabes lo que está pasando ahí fuera? Este es el primer salto que puedes dar. Puedes darte cuenta de que no eres el *contenido* que está siendo observado. Más bien, piensas: "Soy el testificador. Soy el observador, el experimentador, el testigo observador". Si tienes un estilo de vida contemplativo, esto es muy fácil de reconocer. No necesitas meditar, hacer respiraciones extrañas y cosas así. A propósito, el *pranayama* calibra en 190. Este es el camino duro para llegar a la iluminación. Hacen falta muchos pañuelos de papel para todos los resfriados.

No creo en los medios artificiales de manipular la energía. Ahí fuera hay muchas técnicas que se venden por un precio. "Los secretos de los antiguos místicos..., por solo 5.000 euros te contaré cuáles son". A través de la intención, resulta muy simple ver que la razón por la que sabes lo que está pasando es que hay una observación, una experimentación, y este fenómeno está ocurriendo espontáneamente. No hay un tú que esté observando o experimentando; eso es una conclusión. Observar, experimentar y tomar conciencia, el observar y el testificar están ocurriendo autónomamente.

Cuando dejas de identificarte con el "ahí fuera", te das cuenta de que la conciencia está observando y testificando todo el tiempo, y de que este fenómeno es autónomo. No hay un tú decidiendo ser consciente. La conciencia está ocurriendo por su cuenta. Es un fenómeno intrínseco a tu existencia. La luz de la conciencia es intrínseca a tu existencia. No es volitiva. Te retiras de la dimensión "ahí fuera" y empiezas a ver que todo está ocurriendo espontáneamente por sí mismo, debido a que su potencial se está actualizando.

El potencial se actualiza espontáneamente. No hay un tú que piense en ello y decida hacerlo, y después asuma el mérito o la culpa por haberlo hecho ocurrir. Empiezas a darte cuenta de que el mismo hecho de ser consciente es espontáneo, autónomo, y no-volitivo. Detrás de la luz de la conciencia, empiezas a darte cuenta del yo y, a partir de ahí, empiezas a tomar conciencia de que hasta el yo está siendo espontáneamente lo que es. No hay un *tú* involucrado en todo ello, de modo que no hay un tú personal involucrado en nada de tu vida en absoluto. Es todo ilusorio. ¿No te parece agradable?

Creo que la intención es lo que establece las pautas kármicas. Porque las acciones son muy autónomas. Por lo que asumes responsabilidad es por la intención. Hay un dicho famoso en los grupos de los Doce Pasos: eres responsable del esfuerzo, pero no del resultado. Eres kármicamente responsable de tu intención, pero las consecuencias de la acción dependen de Dios y del universo entero, y del mundo tal como es. La intención establece tu pauta kármica y de ella depende tu culpabilidad. Puedes cometer un gran error por inocencia, y aunque eres responsable, no eres severamente culpable. Puedes cometer errores muy serios y ser extremadamente culpable de cosas cuya intención es muy despiadada. Esto es algo que se ve constantemente en ciertas páginas web y blogs. La intención de esas páginas es herir y dañar a otra persona. Incluso si fingen inocencia y tienen alguna excusa, la intención resulta muy evidente, y es dañar a otra persona, insultarla y denigrarla. Si haces eso, tienes la consecuencia kármica de tener la intención de dañar a otra persona por malicia. Puedes intentar velarlo con algún argumento sofisticado, pero la intención es muy clara y evidente.

A medida que evolucionas espiritualmente, tomas más y más conciencia de la esencia, y resulta más difícil engañarte. A medida que las personas afilan su conciencia, se vuelven más difíciles de engañar.

PASOS PRÁCTICOS PARA UNA PRÁCTICA DE MEDITACIÓN

La meditación tiene una gran historia que se remonta a miles de años atrás, y casi todo el mundo la practica siguiendo el estilo hindú o budista. La meditación también forma parte de la tradición cristiana, pero no está tan presente como en las religiones orientales. Yo digo a la gente que cuanto más sencilla la puedas hacer, tanto mejor. Simplemente te sientas en silencio y cierras los ojos. Ahora bien, si haces esto, y miras directamente hacia delante, notarás que no todo está oscuro, hay pequeños puntos de luz danzante. Se les llama *fosfenos;* tú simplemente mira recto hacia delante.

Algunos recomiendan concentrarse en la respiración. Para mí, incluso eso es demasiado complicado; pero, si quieres, puedes tomar conciencia de la respiración. Seguidamente, lo que haces es convertirte en el testigo de los fenómenos que surgen dentro de la mente. No tratas de hacer nada al respecto. No tratas de suprimir el pensamiento. Te conviertes en un testigo de lo que desfila ante el paisaje mental. Empiezas a estudiarlo con un enfoque constante. Tomas conciencia de que los pensamientos no se siguen unos a otros. Sigues una secuencia de observación. En realidad, los pensamientos surgen de la nada. La gente dice: "No puedo meditar porque están presentes todos estos pensamientos", e intentan detener los pensamientos. Eso es una pérdida de tiempo. No puedes detener los pensamientos.

Hay cierto sistema de creencias espiritual que habla de la existencia de un espacio entre dos pensamientos, y de que contemplarás la eternidad entre esos dos pensamientos. Bien, yo te digo que no contemplarás la eternidad entre dos pensamientos. He preguntado a congregaciones muy grandes de gente: "¿Hay alguien que lo haya conseguido?". Y nadie lo ha conseguido nunca, porque no es ahí donde está el espacio en blanco. El espacio en blanco está *debajo* de los pensamientos. Es anterior a los pensamientos. Los pensamientos se siguen unos a otros cada diezmilésima de segundo. Ahora bien, el experimentador, el aspecto perceptor de la función experimentadora del ego, no puede operar con esa rapidez. Por lo tanto, estás intentando algo imposible. Estás tratando de ver algo que ocurre en menos de una diezmilésima de segundo, y el detector de pensamientos no opera tan rápido. Nunca encontrarás un espacio en blanco entre dos pensamientos.

Lo que ocurre es que los pensamientos son como peces voladores saltando del mar. Si ves un pez volador, te das cuenta de que este pez de aquí no está causando aquel pez de allá. De modo que no miras a los peces voladores; los pensamientos ya han ocurrido. A lo que miras es al mar. Miras por *debajo* de los pensamientos. El lugar donde buscar el espacio silencioso infinito es debajo de los pensamientos. Si miras los pensamientos como un campo en el horizonte, ahora mira por debajo de los pensamientos y verás que cada pensamiento surge por separado, individualmente, de manera autónoma del campo infinito de silencio. Ahora mismo, mientras lees estas palabras, crees que tu mente está ocupada leyendo, pero debajo de eso hay un silencio infinito. Si no fuera por él, no podrías leer ni discernir el significado de las palabras, ni detectar el lenguaje. Puedes hacerlo debido al silencio infinito de la mente.

Por esta misma razón, cuando estás en el bosque, no podrías oír a un pájaro si no fuera por el silencio infinito. Sin el silencio infinito de fondo, no podrías oír nada. El canto del pájaro no interfiere con el silencio, ocurre *dentro* del silencio y, por lo tanto, has de aproximarte a la mente con esta misma comprensión. Debido al silencio, eres consciente de lo que estás pensando y sintiendo. Mira el silencio. Cuando miras una habitación, puedes ver los muebles debido a que está parcialmente vacía. Empiezas a funcionar más cerca de eso que eres. Siempre, siempre más cerca está el silencio infinito mismo, porque ese es el silencio del propio campo de la conciencia. La razón por la que los debates sobre ciencia y conciencia no llegan a nada es que rumian constantemente sobre intelectualizaciones con respecto al *contenido* de la conciencia.

La conciencia es el campo mismo. Es el campo mismo en el que el proceso de pensamiento y todo lo demás ocurre. La conciencia es infinita e informe. Está fuera del tiempo y del espacio. Por eso, en la investigación de la conciencia, usando simples preguntas y respuestas kinesiológicas, puedes discernir cualquier cosa que haya ocurrido en cualquier punto del espacio y del tiempo. Todo lo que ocurre queda registrado para siempre dentro de este campo de conciencia infinito. Para toda la eternidad. Todo, cada pensamiento, sentimiento, acto, todo lo que has dicho alguna vez queda grabado para siempre.

Este es el fundamento y la base del karma. El karma significa que, mediante la intención, ahora cada acción ha quedado impresa para siempre en el campo de la conciencia misma. Por lo tanto, uno es responsable de aquello en lo que elige convertirse.

Así, lo que te ocurre solo es consecuencia de tus propias elecciones. No hay un dios arbitrario sentado allí como gran juez horrible que te va a enviar al infierno si se enfada contigo, o que te va a favorecer y va a hacer que caiga la lluvia sobre ti en los grandes años de prosperidad. Eso es primitivo, mítico, cultural, pero, cuando examinas la verdad de cerca, en realidad no tiene ese aspecto. La Divinidad es imparcial. Debido a lo que ella es, todas las cosas se van ordenando en función de lo que han llegado a ser. Y han llegado a ser lo que son por sus propias opciones y decisiones. De modo que ser responsable significa ser consciente de esto.

No te preguntes: "¿Quiero hacer eso?". Más bien, pregúntate: "¿Quiero el karma de hacer eso?". Entonces ves que tienes responsabilidad. Podrías sopesar las opciones diciendo: "¿Qué consecuencia kármica me gustaría tener?". Cuando lo examinas desde este punto de vista, es mucho más fácil tomar decisiones morales. ¿Con qué quiero vivir Dios sabe por cuánto tiempo —incluso en la eternidad—? Conforme hablo de rendir cuentas y de culpabilidad frente a responsabilidad, queda claro que eres responsable, y a continuación el grado de moralidad de la acción es otra cuestión totalmente distinta. La gente mezcla ambas cosas, pero puedes cometer un error inocentemente. Lo que siempre cuenta es la *intención* de la acción. La sabiduría evoluciona lentamente.

MEDITACIÓN PSICOLÓGICA

La meditación psicológica suele ofrecerse en formaciones específicas. Te dan un mantra que repetir, o una imagen divina para tener en mente, o una combinación de ambas cosas, y ciertas posturas y estilos de respiración. Podrías decir que esta es la mecánica formal. Ese es el contenido del estilo meditativo: cómo te sientas, cómo respiras, qué mantras y símbolos usas, etcétera. Eso es un estilo. Entonces empiezas a observar. Tratas de trasladarte al testigo/observador. Empiezas a testificar los fenómenos de la mente a medida que se reconstruyen sin hacer nada al respecto. Llegado a ese punto, como he mencionado antes brevemente, vas más allá de la forma de los pensamientos mismos y encuentras el espacio silencioso infinito. A continuación, el espacio silencioso infinito te conduce al espacio silencioso infinito y a la conciencia de la conciencia misma, que carece intrínsecamente de contenido.

Y, ¿cómo sabe uno que el espacio silencioso está allí? Debido a la conciencia. Uno toma conciencia de un silencio infinito que está por debajo y es más universal que el contenido de la mente, y entonces uno empieza a intentar trasladarse a la fuente, a la fuente misma de esa conciencia consciente. La fuente de la conciencia consciente te lleva al pronombre *Yo*. Después se desvela el hecho de que tal entidad no existe. A medida que buscas el yo personal, no existe tal cosa. Llegas a una definición final del yo cuando has soltado todas las descripciones, todos los adjetivos y adverbios. El yo no está haciendo nada, y uno llega a la fuente de este sentido del yo, y toma conciencia de que el yo es la fuente de la vida, el yo y la vida están unidos.

Esto conduce a estados muy avanzados, en lo que se abandona incluso la vida misma en manos de Dios. El abandono del yo como la fuente misma de la vida creó una agónica experiencia de muerte. Al otro lado de esa puerta se alza la gloria y la realidad infinita de la que surge todo el universo en un emerger continuo al que llamamos vida; pero eso es la *apariencia* de vida. Eso no es la vida misma. Confundimos la apariencia de vida con la *fuente* de la vida. La fuente de la vida es invisible. La apariencia de vida es transitoria, de modo que no puedes quedarte apegado a la apariencia transitoria. En cambio, has de mirar dentro constantemente.

La fuente de vida es invisible.

Todos los fenómenos están ocurriendo por su cuenta. El hablar está ocurriendo por su cuenta, y tu cuestionamiento de este hecho también está ocurriendo espontáneamente y de manera autónoma. Nosotros dos estamos aquí juntos debido a nuestra herencia kármica conjunta y a la de la totalidad del mundo. De hecho, toda la eternidad ha ocurrido hasta este mismo momento. Estamos sentados sobre el emerger del futuro. Estamos sentados sobre el borde del pasado que va desapareciendo, y sobre el emerger del futuro que va avanzando, de modo que, si somos listos, nos quedaremos donde estamos y evitaremos ambos, pasado y futuro. La realidad no está alineada con ninguno de ellos. Los transciende. Transciende el tiempo. Cuando seas consciente de esto —de que lo que estoy hablando ahora ni siquiera está ocurriendo en el tiempo, de que el tiempo es algo que tú proyectas sobre las cosas, y de que tiempo, espacio y localización son proyecciones de la conciencia humana—, no pasarás por alto la mente al empezar a meditar, porque te has de enfrentar al tráfico de la calle, a los sonidos, y a los pensamientos que pasan, y al sentimiento, y al picor del pie y a todas esas cosas. No vas a pasar por alto esas cosas porque pasarlas por alto es un estadio muy posterior, el de ser independiente del contenido de la mente. Finalmente, la mente se detiene y se queda en silencio. Es un gran alivio.

Hay distintas etapas. No son distintos estilos; en realidad los estilos son etapas. Incluso cuando accedes a estados de meditación avanzados, cuando te sientas inicialmente, la mente sigue hablando, pero ahora has aprendido a pasarla por alto rápidamente. Pasas por las etapas mucho más rápido. Asimismo, se produce cierto fenómeno visual. Es como que el interior de la mente se ilumina y esto sigue cierta secuencia. Recuerdo que había un grupo de meditación al que acudí hace mucho tiempo, y había un estado al que llamábamos "el Azul Brillante" que ocurría después de haber estado meditando cierto número de minutos. Era como si de repente todo dentro de la mente se encendiera con un azul bastante intenso.

Los estados más profundos estaban más allá del Azul Brillante, pero el Azul Brillante te indicaba que estabas entrando en una meditación más profunda. Vas entrando en capas más y más profundas de la mente, del inconsciente, del espíritu de la conciencia. Niveles más y más profundos, y en cada uno de ellos dices: "Este debe ser el último". Es como que se abre una puerta. Este debe ser el último, pero después de ese último hay otro último, y más allá de ese hay otro. Y así, te sientes verdaderamente intrigado con respecto a la meditación, porque justo cuando escapas de un nivel a otro de mayor éxtasis, alegría y conciencia, hay otro estado más allá de ese, y después otro, y después otro, y ves que algo te está reteniendo de otro más. Digamos, por ejemplo, que puedes apegarte a lo familiar. Dices: "Oh, ya veo. Estoy apegado a 'así es como algo va a ser'".

El Azul Brillante es muy intrigante y después tienes que dejar de estar enganchado a él, y dejarle existir por su cuenta.

PRÁCTICAS DE CONTEMPLACIÓN

La contemplación es continua. Es como que estás prestando atención continuamente a una cosa. Digamos que tu tarea del día es tomar conciencia de la perfección intrínseca y de la belleza de todo cuanto existe, de la santidad y la sacralidad de toda la creación. ¡Vaya! ¡Eso te va a mantener ocupado durante los próximos 20 o 30 años! Pero, en la orientación, dices: "Querido Dios, estoy intentando ver la perfección y la belleza de todo cuanto existe y pido tu bendición". Esta es una súplica a Dios para que te ayude en este viaje, y de esta manera también has establecido tu intención. Tu intención es ir más allá de lo lineal, más allá de la percepción, más allá de tus pensamientos, opiniones y de todo el material narcisista con respecto al mundo, y ver el mundo tal como existe. Estás yendo más allá de la diferenciación entre percepción y esencia.

Lo que en realidad estás pidiendo en la meditación y en la contemplación es ir más allá de la dualidad, dejar de interpretar la percepción como si fuera la realidad. Y, en cambio, sentir la esencia de las cosas, sentir lo exquisito. Por ejemplo, esta mañana salí a pasear cuando todavía estaba oscuro, y de repente, en la oscuridad, oí un ronroneo muy fuerte. Era mi gatito blanco, captando la energía de eso que yo soy. Cuando capto esa energía, la interacción de nuestras dos energías nos envía a ambos a un estado de dicha, felicidad, contentamiento y amor, a la alegre presencia de Dios. En el domino lineal no tengo que hacer nada más que estar allí. Lo único que tengo que hacer es estar allí, y el gatito blanco empieza a ronronear. Ronronea porque yo estoy allí, debido a eso que yo soy. Ves que el gato es alguien que responde al amor. En presencia del amor, el gatito blanco empieza automáticamente a ronronear. De hecho, lo único que tengo que hacer es mirar al otro lado de la habitación y pensar en él, tener un pensamiento amoroso sobre él, y eso le gusta y empieza a ronronear. Es simplemente asombroso. El mundo llega a ser así.

Es como cuando la gente dice que Nueva York es un lugar frío y poco amistoso, tal como mencioné en el Capítulo 3. ¡Qué va! Yo podía caminar por cualquier calle, comenzar a hablar con cualquiera sobre cualquier cosa, e instantáneamente iniciaba una conversación amistosa, como si hubiéramos sido amigos durante cientos de años.

La meditación y la contemplación son muy emocionantes porque haces unos descubrimientos asombrosos. Empiezas a mirar dentro a lo que te resulta emocionante en el mundo, y no a lo que está fuera.

En esta parte siguiente, el doctor Hawkins te lleva al mundo del verdadero místico. Comparte algunas de las características que puedes buscar y esperar cuando tratas de descubrir el estado iluminado. También comparte algunos ejercicios que puedes practicar y que te ayudarán en la evolución de tu conciencia.

LOS NUEVE ELEMENTOS CENTRALES DEL TRABAJO ESPIRITUAL COMPROMETIDO

Número 1. Enfoque disciplinado, sin desviación

Enfocar la mente en un punto es un estilo de meditación. Te enfocas en un objeto, en un pensamiento, un sentimiento, una figura divina, un mantra o tal vez en un sonido. Mediante la fijación de la mente, te mantienes enfocado en ese objeto. Esto requiere disciplina. La mente quiere deambular por ahí, y en la mente indisciplinada, los pensamientos pasajeros se escapan. Empiezas a disciplinar tu mente para que se concentre en la punta de un bolígrafo, y la mantienes allí inquebrantablemente. Finalmente puedes perfeccionarlo hasta que nada rompa tu concentración.

Número 2. Estar dispuesto a entregar todos los deseos y miedos a Dios

La conciencia espiritual está mucho más allá de la emocionalidad. Estás dispuesto a entregar la emoción. En realidad, lo que estás entregando es la recompensa de la emoción, porque en primer lugar está la emoción, y en segundo lugar está lo que obtienes de ella. Para dejar ir la emoción, tienes que soltar la recompensa. A la gente le encanta estar indignada. Les encanta ser la víctima. Se regodean en ello. Realmente juegan a eso, y en los medios de comunicación puedes ver la glorificación del narcisismo. La gente es capaz de hacer cualquier cosa por conseguir la fama. Confesarán delitos que ni siquiera cometieron para salir en televisión.

Número 3. Estar dispuesto a soportar una angustia transitoria hasta que se transcienda la dificultad

A veces, el trabajo espiritual es difícil. Al afrontar lo que sientes internamente, a veces te sentirás decepcionado con lo que descubras, como cuando te haces la víctima. Miras aquello a lo que te estás aferrando, y entonces te das cuenta, para tu consternación, de que estás explotando el victimismo y te estás regodeando en él. Esa decepción transitoria por la que pasas cuando admites la verdad de algo ante ti mismo es una incomodidad temporal y pasajera. Puedes ver lo egoísta que eres en una relación. Puedes ver cuán interesado estás en ti mismo. Puedes ver lo indiferente que eres. Puedes ver lo poco amoroso que eres en algunas áreas. De algún modo, este camino de la búsqueda interna se vuelve doloroso. Por eso algunas personas, como las que están en los grupos de los Doce Pasos, realizan un inventario moral intrépido. A menudo, se recomienda tener a alguien con quien comentarlo, para que no te quedes enganchado en algún punto de vista negativo sin poder salir de él.

Los santos cristianos relatan que pasaban de estados elevados a otros de desesperación: "Oh, amado mío, ¿cómo has podido abandonarme?". No te preocupes por los estados de gran angustia. Simplemente entrega la angustia misma a Dios, entrégalo todo constantemente. Si surge la angustia, no te resistas a ella, porque, si vas en serio, es muy probable que vuelva a surgir.

Nunca he conocido a nadie que haya entrado directamente en un estado de felicidad y se haya quedado allí todo el camino hasta la iluminación. Jesucristo sudó sangre en el Jardín de Getsemaní. Hay angustia a lo largo del camino, pero eso es lo que ocurre experiencialmente, y tú dices: "Oh, Señor, también estoy dispuesto a pasar por eso, sea lo que sea que esta angustia implique o signifique".

A lo largo del camino espiritual todo el mundo puede beneficiarse de tener un mentor que, en ocasiones, pueda mostrarte cosas que serían mucho más difíciles de gestionar por tu cuenta.

Número 4. Constancia y vigilancia

Atención consciente significa mantenerse vigilante y observar los fenómenos que ocurren en la mente. Muchas personas son completamente inconscientes de su propio estilo y manera de pensar y de comportarse. Las personas pueden sentirse sorprendidas y ofendidas por múltiples causas, y ni siquiera se dan cuenta de que ellas mismas se están comportando del mismo modo: completamente fuera de lugar, de manera inapropiada, poco diplomática, sin pensar en las sensibilidades de otros. Al permanecer atento, tomas conciencia de tus defectos, los admites honestamente y después pides a Dios que te ayude a superarlos.

Lo primero es ser consciente de ti mismo. A continuación, habiéndote hecho más autoconsciente, ahora sientes la motivación para intentar crecer. Digamos que descubres que en realidad estás siendo muy egoísta en cada interacción, y pides a Dios que te ayude a superar este egoísmo. Cuando pides ayuda a Dios, estás abriendo una puerta de energía que antes no estaba allí. Si simplemente lo ignoras, no ocurre gran cosa, pero, si dices: "Querido Dios, soy incapaz de superar este egoísmo que parece colorear todo lo que hago. Debe haber alguna gran motivación con la que podría alinearme, en lugar de limitarme a satisfacer mi ego personal". En primer lugar, el ego personal es temporal, y cuando dejas el cuerpo, es de esperar que haya algo que te lleve más allá de sus pozos.

Número 5. Pasar del interés por uno mismo como participante/experimentador a ser el testigo/observador

Si estás seriamente interesado en la iluminación, primero te identificas con la mente y piensas, "yo soy eso". Te ves a ti mismo como el hacedor de todas las acciones, y después piensas: "Bien, ¿qué es lo que sabe eso?". Te das cuenta de que lo sabes porque estás testificándolo y observándolo y, a continuación, tratas de identificar al testigo/observador, y después, desde allí, pasas a transcender al experimentador. Dejar de identificarte con el experimentador es algo mucho más avanzado y refinado. Sin embargo, resulta relativamente fácil ver eso que eres como testigo y observador, y después, a un nivel más avanzado, pasas a ser el testigo, el observador y también el experimentador.

De lo que tienes que darte cuenta es de que estas cosas son autónomas. No hay un *tú* que esté testificando. No hay un *tú* que esté experimentando. No hay un *tú* que esté observando. Estas son ocurrencias automáticas que se producen por su cuenta como consecuencia de la naturaleza de la conciencia misma. Es la *conciencia* la que tiene todas estas capacidades, no un *tú* personal. Estamos hablando de cómo transcender la identificación con el ego, el pronombre relativo al yo personal como fuente primaria de volición.

El ego quiere atribuirse el mérito de algo que en realidad es espontáneo y automático. Es como si el ego siempre se atribuyera el mérito del tiempo atmosférico. "Bien, hoy ciertamente he hecho un buen trabajo", dice. El sol brilla sin ti. Pero si pudiera salirse con la suya, el ego asumiría que el brillo del sol es mérito suyo.

Número 6. Estar dispuesto a renunciar a juzgar y a opinar sobre lo observado

Esta es probablemente la etapa más dura, porque nuestra sociedad es intrínsecamente narcisista. El derecho a la libertad de expresión y todo ese tipo de cosas: es como si todo el mundo se sintiera obligado a salir ahí fuera y a decirte cómo se sienten con respecto a las cosas. En realidad, ¿a quién le importa cómo te sientes con respecto a algo? ¡A nadie le importa un bledo! Te diré por qué: porque lo que les importa es lo que ellos piensan y sienten con respecto a eso. No les importa lo que tú pienses. De hecho, lo único que haces es echar leña al fuego, para que ellos te puedan decir lo que piensan y sienten con respecto a lo que tu piensas y sientes. La idea es que, si eres sincero e íntegro, no puedes salir ganando. Tienes que manipular la situación. Estábamos diciendo que el nivel de conciencia de Estados Unidos ha descendido. Esta es una de las razones: la deshonestidad política y el dominio de los medios, que hacen de todo un espectáculo, y la seducción que todo ello produce. Y a eso hay que sumarle el relativismo, que lo permite y lo bendice todo. Si la verdad no es diferente de la falsedad, puedes dedicarte a mentir descaradamente sin sentirte culpable por ello. Puedes decir que no existe tal cosa como una realidad absoluta y que no existe tal cosa como la verdad, y que todo es relativo. Y a continuación evitas todo tipo de sentimientos de culpabilidad y eres narcisista toda tu vida sin ninguna responsabilidad. Algunas personas proyectan su narcisismo sobre todas las cosas.

Sin embargo, hay muchas motivaciones que no tienen nada que ver con el narcisismo. Hay motivaciones relacionadas simplemente con ser quien eres. Digamos que corres maratones, los disfrutas, y tienes la capacidad de hacerlos. No todo el mundo tiene la capacidad de correr maratones. Otra persona podría crear música porque eso le lleva a realizar su potencial. Existen muchas otras motivaciones aparte de la ganancia personal, como la realización del propio destino. De modo que hay placer en ser todo aquello que puedes ser hasta el máximo de tu capacidad, y hay satisfacción espiritual en convertir tu potencial en realidad, es como cumplir una promesa.

El ser humano es creado con la capacidad de evolucionar en su conciencia y de desarrollar la conciencia espiritual, de modo que realizar ese potencial lleva a reconocer el don divino del potencial de la vida misma, y conlleva la gratificación de saber que uno ha cumplido su destino. Pero también entiendo al crítico que dice: el altruismo y el humanitarismo también pueden ir acompañados de egocentrismo. "Oh, mira qué gran donante soy. He dado millones a los pobres". Sí, esto también ocurre. Ambas cosas pueden coincidir. Por un lado, puedes desarrollar plenamente tu potencial, y después entra el ego y trata de aprovecharse; a eso se le llama orgullo espiritual. La persona puede compararse y sentirse más santa que tú. Las personas se enorgullecen de su humildad. "¡Mira lo humilde que soy!".

Número 7. Identificarse con el campo más que con el contenido del campo

Esto guarda relación con identificarse con el contexto: ver que en los fenómenos que percibes que están ocurriendo, tú no eres el contenido, sino el campo. ¿Cuál es el campo infinito de tu realidad última? Es la conciencia misma. Tú no eres el contenido de la conciencia, tú *eres* la conciencia. Sin conciencia, ni siquiera te darías cuenta de que existes.

¿Sabías que por debajo del nivel de calibración 200 las personas y los animales ni siquiera se dan cuenta de que existen? Ellos son, pero no comprenden lo que son. Un conejo es, pero no comprende lo que él es. Solo en el nivel 200 comprendes lo que eres.

Número 8. Aceptar que la iluminación es nuestro destino, entendiendo que esta condición es producto de la decisión, de la intención y de la dedicación devocional, que son consecuencia tanto del karma como de la gracia divina

Para evitar el ego espiritual, dejas de ver la vida como algo que ha de ganarse, o como algo en lo que se ha de tener éxito. Has llegado a ser así porque te atrae ser así, y no porque estés impulsado por un objetivo. Te vuelves más amoroso cuando sueltas las limitaciones, las cosas que obstaculizan el amor. No te limitas a decir: "Creo que voy a ser más amoroso". Procuras retirar lo que obstaculiza el amor: la tendencia a juzgar y diversos apegos y aversiones.

En realidad, las personas interesadas en el trabajo espiritual están respondiendo al conocimiento interno de que, kármicamente, están destinadas a alcanzar niveles más elevados de conciencia. Cuando observo a los asistentes a una de mis conferencias, me pregunto: "¿Qué porcentaje de este público está destinado a iluminarse?". Todos. ¿Por qué? ¿Quién vendría a esta conferencia sino personas destinadas a iluminarse y a saber cómo alcanzar la iluminación? ¿Quién iría a clase para aprender a jugar al golf si no tuviera la intención de salir al césped y ponerse a jugar? Te sientes atraído porque hay un conocimiento interno, al que no le importa por lo que tengas que pasar. Simplemente continúa empujándote, como una corriente, en esa dirección.

Número 9. Evita idealizar o agrandar tu cometido espiritual o su destino y, en cambio, confía en la devoción por sí misma

Se trata de apreciar la belleza por ella misma, no porque al apreciarla vayas a convertirte en algo mejor o porque vas a estar más realizado. Se trata de ver el valor intrínseco de una cosa, de apreciarla y valorarla por su perfección interna. Esto se vuelve más y más fácil a medida que vas avanzando, porque vas abandonando los obstáculos. Ves la perfección y la belleza de todas las cosas, y a través de la revelación, la perfección absoluta y la esencia de la divinidad de todo cuanto existe brilla con una irradiación asombrosa. Es tan asombrosa que silencia la mente.

AMOR DIVINO Y AMOR PERSONAL

Amor personal es buscar una ganancia, adquirir algo. Va de plexo solar a plexo solar. En el amor personal, la persona se alinea con el encaprichamiento y el deseo incesante: "Debo tenerte o moriré". Está hecho de gratificación, de satisfacción, de poseer al otro, etcétera. El amor Divino viene del corazón y no es personal; es una manera de estar en el mundo. Los miembros de las comunidades espirituales desarrollan este amor unos por otros. En el ejército, los hombres desarrollan un profundo amor mutuo que es de por vida: un compromiso con el otro que transciende toda ganancia. Si ves a un compañero de tu nave de hace 40 años, te echas a llorar. Esto me ocurrió a mí. De repente, un día sonó el teléfono, y al otro lado escuché una voz familiar, e instantáneamente me eché a llorar. Dije:

—¡Dios mío!

Después me disculpé por llorar, y él me dijo:

—He estado contactando con otros muchachos de la nave que todavía están vivos. Solo quedan cinco o seis. Cuando les contacté, cada uno de ellos se echó a llorar. No te sientas avergonzado.

Este es un profundo vínculo de amor. El amor Divino es como un vínculo. No hay ganancia involucrada. No hay ganancia en vincularse. Un viejo amigo es un viejo amigo, y la alegría surge simplemente de estar en su presencia.

El amor personal siempre está buscando la satisfacción de un impulso instintivo. La satisfacción de la necesidad surge del reino instintivo; ese deseo intenso e incesante, el sentimiento de estar incompleto y de que te falta algo es un apego y te atrapa.

SOLTAR EL DESEO DE PENSAR

Al niño le distraen fácilmente los fenómenos del mundo. Vuelve locos a sus padres porque se distrae con todo. Le llevas al supermercado y al instante se pierde por los pasillos. Va mirando las mercancías que hay en los estantes. Nada supera su capacidad de distraerse, y vemos que la capacidad de distracción del niño es lo que hace que la mente resulte atractiva.

El adulto está pensando todo el tiempo debido a lo gratificante que le resulta. La manera de detener el pensamiento es examinar lo que estás obteniendo de él. Una de las cosas es que da energía al experimentador.

Una vez que examinas lo que obtienes del pensamiento, puedes soltar el deseo de pensar y el pensamiento se detendrá. No hay nada allí. Y a continuación ves que no hay nadie en el auditorio. El auditorio está vacío y el campo infinito está en silencio. El campo infinito se queda en silencio cuando dejas de querer atraer pensamientos; cuando dejas de obtener ganancias de ellos, se paran. Piensas porque quieres pensar. Podrías decir: "No, no quiero pensar. Quiero que mi mente esté en silencio. Quiero meditar". Bien, eso significa que la ganancia, el deseo lo tienes escondido, y tienes que ser más honesto contigo mismo. Te gusta el entretenimiento. Disfrutas de las sensaciones que te producen los pensamientos: de la sensación de existir y estar vivo, y de la sensación de que eres.

Se trata de observar la ilusión de que eres un ser individual y separado teniendo estos pensamientos únicos. Los pensamientos sustentan la sensación de ser un yo personal independiente. El niño lidia con la percepción, la observación de los fenómenos visuales. Podríamos decir que un místico no toma conciencia de los detalles, sino que observa la belleza de la creación de Dios en cada forma, en la forma de las nubes, en el cielo, en la lluvia. Todo testifica la presencia de Dios como fuente, la fuente continua de toda la creación.

Así, la divinidad está presente en todas las cosas, y no más en unas cosas que en otras.

Capítulo 9

Sanadores iluminados

Cuanto más progresamos en el camino hacia la iluminación, más agudamente conscientes nos volvemos de la profunda relación entre mente y cuerpo. En el camino del ego, donde la mente y el cuerpo parecen estar separados, el proceso de curación se aborda con píldoras o se delega en médicos que arreglan el cuerpo. Pero, en el camino de la iluminación, vemos la mente y el cuerpo como un todo integrado y entendemos que la mente, e incluso el alma, pueden desempeñar un profundo papel en la curación de gran variedad de dolencias, desde resfriados y alergias hasta la depresión y otras formas de enfermedad mental.

En este capítulo, el doctor Hawkins ampliará esta profunda comprensión de lo que significa ser un sanador iluminado.

Hemos producido este modelo matemático en el que calibramos el poder relativo de los campos de energía, y puedes ver que la apatía, que calibra en 50, solo tiene la mitad de poder que el miedo, que calibra en 100. Por otra parte, el miedo solo tiene la mitad del poder o de la

241

energía del coraje, que calibra en 200. Y no es solo que estos campos de energía tengan distinto poder relativo, también van en cierta dirección. Todos los campos de energía situados por debajo del coraje van en una dirección negativa y antivida, orientada hacia la destrucción. Los campos de energía situados por debajo del coraje tienden a tener un efecto antivida.

En el nivel del coraje, la aguja se centra en el medio y, a medida que ascendemos más allá del campo de energía 200, vamos hacia la neutralidad, la buena voluntad, la aceptación y el amor. Ahora estos campos de energía van hacia la derecha, lo que indica que nutren y favorecen la vida, que son dadores de energía, dadores de vida, e incrementan la vitalidad. A medida que ascendemos por la escala, entramos en campos de creciente vivacidad, entramos en eso que sustenta la vida y la verdad. Al llegar al fondo del campo, llegamos a lo que no sustenta la vida, a lo que es antivida y no representa la verdad. La muerte calibra en cero.

Aproximadamente en 600 abandonamos el campo de la dualidad, abandonamos el campo de la ilusión, abandonamos la identificación con el pequeño yo, el ego en el habla común, y entramos en los campos de la iluminación. Así, en el caso de los grandes seres iluminados, de los grandes maestros espirituales y avatares, sus campos de energía comienzan en los 700 y ascienden hasta infinito.

En realidad, la verdad indica aquello que sustenta la vida y la vivacidad. De modo que cuando hablamos de salud, estamos hablando de vivacidad. Estamos hablando de la expresión de un campo de energía. El cuerpo expresa lo que contiene la mente. Solo estamos sujetos a aquello que tenemos en mente. Y, por lo tanto, cuanto mayor sea la negatividad que tengamos en mente, mayor será el efecto del campo de energía negativo sobre la salud del cuerpo físico. Cuanto mayor es la energía positiva que se tiene en mente y en la conciencia, más poderoso y positivo será el campo energético de vida.

Esto nos da una herramienta, una manera de aproximarnos a las cosas: ¿Favorece esto a la vida, o no la favorece? Podemos sustituir la palabra *salud,* puesto que la salud no es sino la expresión de la vida. Tenemos campos de energía que sustentan la enfermedad y campos de energía que sustentan la vida. Cada uno de estos campos de energía se refleja en una emoción, de modo que lo que es antivida, como cabe esperar, contiene emociones negativas. Entre ellas se incluyen el autoodio, la desesperanza, la desesperación, el lamento, la depresión, la preocupación, la ansiedad, el deseo incesante, el resentimiento, el odio y la arrogancia. Así, las emociones negativas son compañeras de la mala salud. Vemos el proceso que ocurre en la conciencia a partir de estos estados emocionales: destrucción, pérdida de energía, pérdida de ganas, deflación, sentirse atrapado, expansión excesiva, inflación excesiva, pérdida de poder.

Vemos el tipo de mundo que la persona experimenta a partir de estos estados mentales negativos. Es un mundo de pecado y sufrimiento, de desesperación, tristeza, miedo, frustración y competición. Es un mundo de estatus.

Vemos las conceptualizaciones negativas de Dios que surgen de los campos de energía más bajos. Dios es el enemigo último del ser humano: el que le odia, el destructor, el que le arroja al infierno para siempre. O también está el Dios que ignora al ser humano. Dios está muerto, o es punitivo, vengativo. Entonces vemos que la visión negativa del mundo y de Dios guarda relación con la mala salud.

●●●

La enfermedad es física, mental y espiritual. Puedes estar enfermo espiritualmente y estar bien a nivel físico. O puedes estar enfermo físicamente y estar bien espiritualmente. Física, mental y espiritual, cada cosa tiene una dimensión diferente.

LOS BENEFICIOS DE LA ENFERMEDAD

Aunque no se trata necesariamente de un beneficio físico, hay un beneficio filosófico en darte cuenta de que aquello con lo que antes no podías vivir es algo trivial, y ciertamente *puedes* vivir con ello. Te das cuenta de que eres mucho más que tu dimensión física. La dimensión física puede estar muy limitada, y a pesar de ello estás en un estado de gran felicidad y gracia espiritual.

Puedes mirarlo desde estos puntos de vista: filosófico, espiritual, intelectual y físico, y preguntarte: "¿Por qué me estoy poniendo tan nervioso? ¿Qué me está alterando? ¿A qué me estoy resistiendo?".

Es posible que la persona que se resiste esté experimentando una pena. Está *reprimiendo* la pena en lugar de ceder a ella y llorar durante un día o dos, para después poder soltarla. No olvides que todo lo que ocurre tiene un antecedente kármico. La pena que sientes por una pérdida en esta vida saca a la luz toda la pena por todas las pérdidas a lo largo de todas las vidas. La gente dice: "¿Por qué me siento tan disgustado por algo tan pequeño?". Bueno, no se trata solo de esta pequeña cosa. Tienes toda una acumulación de sentimientos reprimidos durante muchas vidas, en las que no los experimentaste. Hay resentimientos, enfados, lástima de ti mismo, y Dios sabe qué más. De modo que puedes aprovechar la situación. Cuando surja algo en esta vida, siéntelo completamente hasta que se agote. Si estás enfadado, no estás suficientemente enfadado. Túmbate en el suelo, golpea con el puño y grita, chilla y vocifera hasta que todo el enfado se haya ido. Y haz lo mismo con la pena. De esta manera tu vulnerabilidad disminuye. Si la gente se enfada, yo les digo que el problema es que no están suficientemente enfadados. Ve a la otra habitación y grita, salta, chilla, aprieta los puños y golpea las paredes hasta que lo hayas sacado todo.

La gente reprime esas emociones; no les gustan. La sociedad nos ha enseñado a reprimirlas y no expresarlas. Y si eres hombre, se supone que no has de sentir pena, llorar, ni nada parecido. Suéltalo. Salta arriba y abajo, y maldice. Vuélvete loco. Finalmente, vas a ver que es ridículo y te echarás a reír.

•••

Tenemos que examinar la relación entre la mente y el cuerpo porque es de gran importancia en el campo de la salud, y no ha sido comprendida adecuadamente. Hay cierto principio, demostrado clínicamente, que dice que solo estamos sujetos a lo que tenemos en mente. Ahora bien, este es un principio de curación y un principio de salud, las dos caras de una misma moneda. La enfermedad es una cara de la moneda, la salud la otra. Estamos sujetos a lo que tenemos en mente. Entonces vemos que la enfermedad viene de un programa, de un sistema de creencias. El programa entró y ahora estamos sometidos a él para el resto de nuestra vida, y no recordamos de dónde vino.

Debido a la amnesia infantil, muchas personas no pueden recordar qué les ocurrió antes de los cinco años. Y hay personas que no pueden recordar hasta una edad muy posterior, no tienen ningún recuerdo de su infancia, o muy pocos. Incluso para personas con una buena memoria de su infancia, hay muchas áreas de olvido y vacío. Y en esas áreas de olvido y vacío hay muchos programas que se están expresando actualmente en diversas formas de mala salud. Puedes oír cosas como: "Las enfermedades de corazón son hereditarias en nuestra familia", o "En mi familia somos alérgicos", etcétera. Seguidamente, estos pensamientos se convierten en un programa que va a la mente, y es como si la persona estuviera hipnotizada. Hasta que dicho programa se haya hecho consciente y se haya cancelado, sigue estando operativo dentro del inconsciente.

Ahora bien, ¿por qué la mente tiene tanto poder sobre el cuerpo? Tal vez podamos examinarlo un poco desde la física. La física nos hará comprender esto. En nuestro sistema de calibración hemos visto que la muerte calibra en cero y la culpa en 30. Podemos medir el campo energético de cualquier cosa en el mundo. Y así calibramos la energía del campo del cuerpo mismo, y descubrimos que el cuerpo físico no es un estado inverso. El cuerpo no es un estado negativo, pero el campo de energía del cuerpo se encuentra aproximadamente en 100. En otras palabras, su poder, su campo de energía está aproximadamente en 100.

El campo de energía de la mente comienza en torno a 400. Va de 400 a 500. Esos son los campos de energía del intelecto, de la razón, de la lógica, y de las creencias mentales. Y, por lo tanto, si tenemos en mente un pensamiento que dice: "las semillas me producen diverticulitis", entonces el cuerpo, que solo tiene un campo de energía de 100, es superado por el poder de esa creencia.

Todos los pensamientos tienen forma. Y dicha forma está allí, en el inconsciente colectivo, en la conciencia colectiva, en la conciencia social, como quiera que desees llamarla, está allí con gran detalle. Ese patrón y la mecánica de cómo se va a desplegar ya están presentes allí. Si compramos ese pensamiento, si estamos de acuerdo con él, es como si lo lleváramos a nuestro propio inconsciente [personal] y a continuación eso se expresa dentro del cuerpo. El cuerpo hará aquello que la mente crea. Por tanto, la curación del cuerpo y el logro de la salud no se consiguen abordando el cuerpo directamente, sino yendo a la mente. Entrando directamente en los campos de la conciencia misma.

Si el cuerpo expresa lo que está contenido en la conciencia, lo que tenemos que examinar es cuál es el contenido de la conciencia. Muy a menudo no somos conscientes de cuál es el contenido de la conciencia. En tal caso decimos que no somos conscientes de eso. Al mirar al cuerpo, es posible que no recordemos haber tenido nunca ese pensamiento, pero el cuerpo nos está diciendo que debe estar allí. Es como un aparato de rayos-X. Los rayos-X nos dicen lo que debe estar contenido en la mente para que esto esté presentándose en el cuerpo. Digamos que la persona tiene diabetes clínica y dice: "No recuerdo que en mi familia se dijera nunca nada de esto. Nadie en mi familia ha tenido diabetes. No veo dónde podría haber surgido en mi mente". Sabemos que en algún lugar del inconsciente está la creencia en la diabetes y en todo lo que acompaña a esta enfermedad.

Si investigamos a un individuo el tiempo suficiente y con la suficiente paciencia, descubriremos de dónde viene el programa. Pero lo que la enfermedad nos dice es que el programa está ahí, que la persona piensa: "yo estoy sujeta a esto", y, por lo tanto, lo que hay que curar es el sistema de creencias. Tenemos que curar el origen de la enfermedad. Y así la salud parte de la mente. Viene de las actitudes mentales positivas. Viene de un campo de conciencia. Viene de un nivel de conciencia que produce en el plano inferior, el plano físico, una expresión de salud procedente de esos campos situados por encima de la neutralidad. La salud viene de la buena voluntad, de la buena voluntad de aceptar, del amor, de la alegría interna y del estado de paz interna.

Lo mental está situado en los 400. El amor está en los 500 y el espíritu está en los 600 y más arriba. Por lo tanto, el intelecto no es la facultad más elevada del ser humano, en contra de lo que propuso la Era de la Razón y otras obras eruditas, o de esos intelectuales que mantienen que lo que diferencia al ser humano del animal es su intelecto. El intelecto solo está en los 400. Hay algo más allá de la mente, más allá de la lógica, más allá de la razón, donde se salta y se transciende a un paradigma completamente distinto, a toda una nueva manera de ser. Es necesario saber esto. Es necesario saber qué es lo que cura. Es necesario examinar cómo contribuyen a la enfermedad estos diversos niveles.

En una enfermedad, si no la entendemos, entonces entenderemos su inverso, que es la salud. Los sistemas de creencias se autorrefuerzan. Se convierten en profecías autocumplidas. Sin saberlo, tenemos una creencia, y a continuación se manifiesta en nuestra vida. Miramos esa manifestación y decimos: "¿Ves?". Y eso justifica el sistema de creencias. Al mirar a nuestra vida podemos decir qué creencias albergamos. Si no podemos recordarlas, decimos que son inconscientes. Por lo tanto, nuestro movimiento en la conciencia es de ascenso. Hemos dicho que la salud es una expresión automática de estos campos de energía superiores. Vemos que la gratitud está en 540, el perdón en 540, y la curación en 540. Estar dispuestos a perdonar y a sentirnos agradecidos empieza a curarnos automáticamente.

•••

Tenemos que hablar del campo de energía del amor y de su significado. El amor no es sentimental. Lo que el mundo llama amor surge de un campo de energía de dependencia, control, sentimentalismo y emocionalismo. Se llama amor a un apego emocional, sentimental, en el que el control y la satisfacción de los deseos van en ambos sentidos. Es la versión de Hollywood. Cuando oyes a alguien decir: "Antes amaba a George, pero ya no le quiero", lo que está diciendo es que nunca amó a George. Lo que eso significa es que tuvo un apego sentimental. Eso sale del plexo solar, una especie de apego al que la persona dio un tono romántico y glamuroso, y vertió mucha energía emocional en ello. Cuando ese vínculo se rompió, surgió una gran cantidad de emoción negativa.

Pero el tipo de amor del que quiero hablar es del amor incondicional. ¿Qué es el amor incondicional? Es una decisión interna que tomamos dentro de nosotros. Surge de la intención y de la decisión de ser una persona amorosa. Si yo decido amarte, esa es mi decisión interna. No hay nada que puedas hacer al respecto. Por lo tanto, no soy una víctima de lo que ocurre en el mundo, porque mi decisión de amar crea un campo energético estable de incondicionalidad. Es posible que la conducta de la otra persona no me agrade, que no contribuya a lo que yo deseo, pero eso no cambia mi amorosidad. Por ejemplo, la madre que visita a su hijo, que es un asesino y está en prisión durante 20 años, ama el ser, la aseidad, eso que la persona realmente es. Por supuesto que su conducta no la hace feliz, pero el amor es incondicional, independientemente de lo que haga el hijo. Lo más parecido al amor incondicional que vemos en el mundo es el amor de la madre, que es incondicional.

A menudo, he usado el amor de los grupos de los Doce Pasos, como Alcohólicos Anónimos, como ejemplo de amor incondicional. Al amor incondicional no le importa lo que tienes. Las personas situadas en los niveles más bajos de conciencia están muy preocupadas por el tener, y clasifican a los demás en función de sus posesiones. A la gente le preocupa el hacer. Se clasifica a la gente, y su estatus depende de lo que hacen, y de los títulos que acompañan a su hacer. A medida que te acercas a la parte alta de la escala de conciencia, lo que le importa a los demás es lo que eres, en qué te has convertido. Tu ser, su aseidad, eso que verdaderamente eres. En este nivel, lo que preocupa es el estatus de la persona, su valía, el tipo de persona que eres, eso en lo que te has convertido. Te has convertido en esta clase de persona, y eso se valora. Por lo tanto, estar dispuesto a ser una persona perdonadora, que no juzga y nutre la totalidad de la vida, hace brotar automáticamente dentro de ti un estado de buena salud, debido a la naturaleza tan curativa de ese campo de energía.

Estamos empezando a ver la perfección de todas las cosas, empezamos a ver que todas las cosas obran para el bien. ¿Cómo podemos considerar la enfermedad dentro de este contexto? La enfermedad se convierte en algo que surge a fin de ser curado. Entonces consideramos la enfermedad como una lección. La enfermedad está diciendo: "Mírame. Por favor, sana aquello que yo represento, lo que yo simbolizo. Por favor, cura tu culpabilidad. Por favor, cura tu autoodio. Por favor, cura tus formas mentales limitantes. Por favor, elévate a sentir amor por mí para que me pueda curar". La enfermedad nos pide crecer espiritualmente. Es un tábano incesante que nos dice que tenemos que examinar algo. Tenemos que considerar algo de otra manera. Lo que crea nuestra reacción no son los sucesos de la vida, sino nuestra manera de considerarlos.

Los sucesos, en y por sí mismos, no tienen el poder de afectar sobre cómo nos sentimos en un sentido ni en otro. Lo relevante es nuestra posición con respecto a ellos, nuestro *juicio* con respecto a ellos. Lo relevante es cómo decidimos estar con ellos, nuestra actitud, nuestro punto de vista. Es el contexto, el significado general, lo que da al suceso el poder emocional que tiene sobre nosotros. Por tanto, nosotros somos los creadores del significado y del impacto que el suceso tiene sobre nosotros. El estrés procede del mismo lugar. Le damos poder sobre nuestras vidas al tomar la posición de víctimas, al situar la fuente de nuestra felicidad fuera de nuestra vida, negando el poder de nuestra propia mente. La curación se produce cuando retomamos el poder, cuando nos damos cuenta de que nosotros, y solo nosotros, creamos el significado de cualquier circunstancia, suceso, lugar, posición, cosa o persona de nuestra vida. Somos nosotros los que estamos creando el significado. Nuestra posición, tal como la mantenemos, se convierte o bien en una fuente de curación o en una fuente de enfermedad. Somos nosotros los que lo determinamos.

Empezamos a ver que el cuerpo es como una pequeña marioneta. Es como que sigue felizmente su camino, surgido de estos campos de energía. Digamos que hace lo que hace automáticamente, sin pensar mucho. Estar saludable significa que prestamos cada vez menos atención al cuerpo y a lo que hacemos, a lo que el mundo considera generador-de-salud, y cuando le prestamos atención lo hacemos porque lo apreciamos. Es una expresión de cómo estamos en ese cuerpo. No renunciamos a nuestro poder de ser la fuente. Estar saludable significa que has recuperado tu poder como fuente. No consideramos que el mundo sea la fuente de la salud corporal. Practicamos ejercicio por la alegría de experimentar el cuerpo. No decimos que nadar es lo que hace que el cuerpo esté saludable. Más bien, nuestra posición es que, como disfrutamos del cuerpo, disfrutamos de sus actividades, como nadar.

Por tanto, esas actividades que el mundo considera saludables surgen de la expresión de nuestra propia sensación de vitalidad interna. La alegría está en permitir que el cuerpo se exprese de las maneras que el mundo considera saludables. No es porque esas expresiones sean causales; más bien, son el efecto. El disfrute saludable del cuerpo es el efecto de la actitud mental. Y, por lo tanto, llegamos a amar al cuerpo. No se trata de una autoglorificación narcisista, ni de la imagen de un hombre musculado en una revista, sino de que sentimos puro amor y gratitud. Pensamos: "Ah, cuerpo, me has servido bien. Te amo. Te aprecio. Te valoro". Si ponemos nuestra fuente de felicidad en lo que está fuera de nosotros —nuestro trabajo, nuestras posesiones, nuestras relaciones— estamos estableciendo las leyes de nuestra salud.

Lo que surgirá en primer lugar es el temor a la pérdida, aunque no sea consciente. Si la fuente de tu felicidad es tu título, la dirección en la que vives, el tipo de coche que tienes, o incluso tu cuerpo físico, ahora eres vulnerable. Esa vulnerabilidad está en el inconsciente, y almacena una gran cantidad de miedo. Por lo tanto, las personas dedican sus vidas a reforzarse y a protegerse interminablemente de las leyes de esas cosas en las que han depositado su supervivencia.

La persona saludable se da cuenta de la verdadera naturaleza de su ser, se da cuenta de que ella está mucho más allá de lo externo. Se da cuenta de que es ella la que da valor a esas cosas. Esas cosas le proporcionan un disfrute temporal, pero su supervivencia no depende de ellas. Hemos dicho que cuando asciendes al campo de energía llamado aceptación, dejas de dar tu poder al mundo. Empiezas a aceptar: yo soy la fuente de mi felicidad. Si pones a una persona así en una isla desierta y vuelves un año después, se habrá montado un negocio de cocos, habrá encontrado una nueva relación, se habrá construido una casa en un árbol y estará enseñando álgebra a los niños. En otras palabras, tiene la capacidad de volver a crear por sí misma, y su felicidad viene de darse cuenta de: "yo mismo soy la fuente de esa felicidad". Yo mismo soy la fuente de salud. Mi salud no depende de epidemias, no depende de lo que ocurra ahí fuera, en el mundo. Tampoco depende de lo que como.

La persona saludable se da cuenta de la verdadera naturaleza de su ser, se da cuenta de que ella está mucho más allá de lo externo.

Cuando nos damos cuenta de esto, empezamos a transcender y ya no estamos a expensas de todas esas creencias falsas. La conciencia (*consciousness*) requiere algo más grande que ella misma, lo que llamamos conciencia (*awareness*).[3] La conciencia (*awareness*) es lo que nos permite saber lo que está ocurriendo dentro de la conciencia (*consciousness*), que nos informa de lo que

---

3. Aquí, el autor distingue entre *consciousness* (conciencia) y *awareness* (conciencia), siendo la segunda un campo más abarcante, que incluye a la primera. Como ambas palabras no tienen una traducción inequívocamente diferenciada en lengua castellana, hemos optado por mantener el nombre en inglés entre paréntesis. (N. del T.)

está ocurriendo en la mente, que, a su vez, a través de los sentidos, nos informa de lo que está ocurriendo en el cuerpo. Así, eso que yo soy en esencia está a muchos niveles de distancia del cuerpo físico. Es necesario que examinemos esto y que lo entendamos correctamente en la mente, porque ahora vemos que la mente tiene poder sobre el cuerpo. Vemos la ciencia física que es capaz de explicar esto: los campos de energía de 400, por su poder, son más grandes que el campo de energía del cuerpo físico.

El cuerpo físico hace lo que la mente le dice que haga. Por lo tanto, si la mente dice: "Tengo tal o cual enfermedad", el cuerpo obedece. Cuando examinamos esto, vemos la importancia de no comprar programas, pues en realidad todos ellos son limitaciones de la verdad. Vemos la importancia de cancelar conscientemente las creencias limitantes y de decir la verdad. La verdad es: "Soy un ser infinito, no estoy sujeto a eso".

Supongamos que nos dicen que los huevos producen mucho colesterol, y que el colesterol produce enfermedades coronarias. Si compras esa forma de pensamiento, esa creencia, lo que ocurre es que el cuerpo está de acuerdo. Puedes experimentar con esto porque yo lo he hecho. En un momento dado tenía el colesterol muy alto, y empecé a cancelar esta creencia diciendo: "Soy un ser infinito. No estoy sometido a esto. Solo estoy sometido a lo que tengo en mi mente. Esto no es aplicable a mí. Y por tanto lo cancelo y lo rechazo". Si la mente puede empoderarte con una creencia negativa, también puedes invertirla. Por lo tanto, empiezas a decirte que no tiene efecto sobre ti, que solo es una creencia.

Cuando estoy de acuerdo con una creencia, le doy el poder de la energía colectiva de esa creencia. Cuando la niego, me libero de la energía colectiva de esa creencia. Así, puedes adoptar la actitud de no estar de acuerdo con las creencias negativas relacionadas con tu salud. Esto es muy importante cuando se trata de lidiar con una epidemia, y la histeria que produce. La programación que entra en la mente recibe la ayuda y la complicidad de un programa emocional. Todas estas contribuciones preparan el escenario. Tienes esta creencia mental surgida de un campo de energía situado en los 400, después tienes el miedo a ella, ya en la zona negativa de los 100, y tienes la culpa en la zona negativa del nivel 30. Tienes la preparación exacta para caer enfermo, porque la mente elegirá aquello que haya quedado impreso en ella. Usará eso como una forma de expresión. En el caso del colesterol, el experimento que yo mismo hice con él fue cancelar el pensamiento cada vez que surgía. Con el paso del tiempo, el nivel de colesterol descendió, y pude comer tres huevos cada mañana para desayunar, con mucho queso. Tomo una dieta alta en colesterol, y sin embargo mi nivel de colesterol es bajo, a veces incluso por debajo de lo normal para mi edad.

El cuerpo hará exactamente aquello en lo que la mente crea. Y, por supuesto, aquí tenemos un problema de credibilidad. La persona dice: "Oh, ¿cómo va a poder ser que mi simple creencia en ello haga que ocurra en mi vida?". Se debe a la naturaleza del inconsciente. El inconsciente crea la oportunidad para que eso ocurra. Ciertamente, vemos esto en los accidentes. Si la persona tiene tendencia a sufrir accidentes, esa es la forma que su creencia ha tomado en su mente. Inconscientemente, esa persona consigue tener su cuerpo en el lugar y en el momento justos para ser golpeada por el parachoques del coche, para caerse por las escaleras o para que le golpeen en la cabeza. No te preocupes por cómo la mente va a encontrar la forma, la encontrará. La persona simplemente entra en una especie de trance hipnótico y se expone a sí misma a las oportunidades correctas que hacen que esa creencia se manifieste en su vida.

Por ejemplo, sabemos que se han hecho muchos experimentos con el virus del resfriado. Tomas 100 voluntarios y los expones a grandes dosis del virus del resfriado. Y vemos que no todo el mundo tiene el virus. Siempre ocurre que solo se resfría un porcentaje, solo cierto porcentaje. En otras palabras, si el poder estuviera en el virus y no en la conciencia, los 100 voluntarios tendrían el virus, porque la dosis administrada es muy potente. En realidad, lo que ocurre es que tal vez solo el 65 por ciento se resfría, y un tercio de los voluntarios no creen en el virus. Hay suficiente duda en su mente. La cantidad de culpabilidad inconsciente es insuficiente. Para la persona no es aceptable expresarla de esa forma. Y, por tanto, nada es universal. Vemos lo mismo en los procesos de curación.

Solo cierto porcentaje de la población responde a cada tratamiento médico. ¿Cuál es la diferencia? Se debe a que los demás no tienen la suficiente culpabilidad inconsciente. No es operativo. Esta enfermedad particular no encaja con ninguna de las formas de pensamiento particulares que han adquirido esas personas. Ambos lados, la enfermedad y la curación, reflejan la energía que hemos depositado en cierto sistema de creencias. Entonces vemos que la salud es estar dispuesto a no comprar la negatividad.

De todos modos, ¿por qué debería una persona comprar la negatividad? ¿Por qué algunas personas son tan programables? Sabemos de personas que se ponen histéricas cada vez que abren una revista: la última enfermedad les hace sentir pánico. Y eso tiene que ver con la cantidad de miedo y la cantidad de culpa que albergan. En realidad, la cantidad de miedo surge de la cantidad de culpa inconsciente. Es como si la persona supiera de qué ha de tener miedo. Es como si fuera muy consciente de que tiene tanta culpa que, con oír hablar de la enfermedad, se queda programada mentalmente, y eso casi es suficiente para hacer que ocurra en su vida.

Entonces, ¿qué nos dice esto sobre los pasos hacia la salud óptima? Vemos que estar dispuestos a adoptar actitudes mentales positivas y constructivas, y a soltar las negativas, conlleva poder. Vemos que comprar la programación negativa impacta en el poder de la mente. Entrar en la negación y culpar a otros es darles tu poder. Vemos que estos campos de energía situados por debajo del coraje son, todos ellos, niveles en los que la persona se ha convertido en una víctima. Lo que ha ocurrido es que ha entregado su poder y lo ha puesto en algo externo a sí misma. Y estas personas situadas en estos niveles inferiores se han dicho inconscientemente: la fuente de mi felicidad está fuera de mí. Han situado su supervivencia en algo externo a ellas mismas.

A medida que entramos en los niveles de verdad situados por encima de los niveles del coraje, los niveles de energía están en positivo, y vemos que la persona vuelve a adueñarse de su poder. Dice: "Yo, y solo yo, tengo el poder de crear felicidad y oportunidades en mi vida. La felicidad viene de dentro de mí". Entonces estas personas se apropian del hecho de que la salud viene de dentro. Ven que no son víctimas de los virus, de accidentes, del colesterol o de los niveles de ácido úrico. No son víctimas de estas cosas.

Cuando recuperamos nuestro poder, decimos: "Es mi mente la que ha estado creando esto. Mi mente cree que comer hígado y riñones va a aumentar mi nivel de ácido úrico, y eso me va a producir un ataque de gota. Mi mente es tan poderosa que, si creo eso, literalmente hará que ocurra". A mucha gente le resulta difícil aceptar esto, que su mente tenga tanto poder.

•••

Lo siguiente que dice la mente es: "No quiero renunciar al placer de comer". Suena como si fueras a perder algo, ¿cierto? ¿No vas a poder disfrutar de una leche malteada o de un helado de chocolate caliente el domingo, o de una hamburguesa cubierta de cebolla frita? Muy al contrario. Una vez que tomas conciencia del poder de la mente, lo que le ocurre al disfrute es que el apetito surge del mismo hecho de comer. Yo me siento a la mesa sin nada de hambre ni apetito. Pero, en cuanto comienzo a comer, surge el apetito. Y el placer de comer es más intenso que nunca. Ahora disfruto más del alimento, porque ya no lo acompaña la culpa. No lo acompaña la ansiedad ni la autoacusación. No me preocupa estar tomando demasiadas calorías o si voy a ganar peso. Estas preocupaciones están eliminadas. De modo que no vas a renunciar al placer de comer en absoluto. Descubrirás que cuando comas, disfrutarás considerablemente del alimento. Empiezas a disfrutar de la comida desde el primer bocado. No pierdes el disfrute. Yo no creo en soltar el disfrute y el placer. Al contrario, creo en incrementarlo.

Puedes tener el disfrute y el placer de comer, así como el disfrute, el placer y el orgullo de tener un cuerpo más alineado con tus ambiciones estéticas. No tiene nada que ver con tu valía. No tiene nada que ver con el hecho de que eres autocomplaciente. No tiene nada que ver con necesidades orales narcisistas, o cualquier otra teoría psicoanalítica —agresión oral, pasividad oral—, no tiene nada que ver con eso. Simplemente tiene que ver con este condicionamiento muy simple y primario que ha sido favorecido en nuestra sociedad. Lo has tomado del condicionamiento social que recibiste cuando eras niño. Eso es todo. El cuerpo se experimenta en la mente, y la mente se experimenta en la conciencia. Es en tu conciencia donde realmente estás experimentando eso a lo que en el pasado has llamado hambre. ¿Y dónde está localizada tu conciencia? Te darás cuenta de que experimentar el hambre en el estómago solo es una creencia. En realidad, se experimenta por doquier. El pensamiento de que está en el estómago es solo una creencia procedente de la infancia. El cuerpo no puede experimentar nada. El hambre se experimenta en un área más difusa y generalizada.

Otra técnica para soltar el sufrimiento de cualquier tipo, tanto si se trata de dolor, como enfermedad o síntomas físicos —en este caso, lo que hemos venido llamando hambre—, es saber que no es otra cosa que un síntoma físico. Como he dicho, está siendo experimentado de manera difusa. Está siendo experimentado por doquier. Porque, ¿dónde experimentamos toda experiencia? En realidad, está siendo experimentada "por todas partes" más que en un lugar concreto. La localización viene de la fuerza de los sistemas de creencias. Tenemos todos estos pensamientos desde la infancia. A medida que dejamos de resistirnos a la energía de esta sensación, finalmente desaparece.

•••

Generalmente se piensa que las emociones negativas son la causa de los problemas de peso. Si lo miras más de cerca, verás que en realidad no es así. Verás que las emociones negativas son la *reacción* al problema de peso. La mayoría de nosotros hemos estado muy abajo, en el nivel de la culpa. La culpa es un campo de energía de 30. Es un campo muy débil. Si tratas de gestionar tu problema de peso, o cualquier otro problema —alcohol, relaciones, u otro— desde el nivel de la culpa, puedes ver de cuán poca energía dispones para lidiar con él. En la culpa es como si tuvieras 30 euros y en el campo del amor es como si tuvieras 500. De modo que con 30 euros no vas a poder realizar mucho progreso en nada. Y no solo eso, sino que el campo de energía es negativo, lo que significa que te vas a sentir mal con respecto a todo. Vas a estar lleno de odio hacia ti mismo, y el proceso en sí es destructivo. Algunas personas se han suicidado por sus problemas de peso, por su autocomplacencia. Incluso si no gestionas la situación desde la culpa y das el siguiente paso, asciendes a la desesperanza, que tiene un campo de energía de 50. Esto significa: en mi caso, no hay esperanza. He probado todas las dietas e incluso he perdido toda la energía para abordar este problema. Soy víctima de él, simplemente me rindo y renuncio. No tengo esperanza.

El siguiente nivel es la pena. Es sentirse deprimido con respecto al problema: lamentarse, sentirse abatido y desanimado, o tener miedo del problema y de sus consecuencias. Todos estos sentimientos son negativos e incluyen pensamientos como: "Voy a morir de un ataque al corazón", o "Esta enfermedad va a matarme". Este campo está lleno de preocupación, ansiedad y pánico. Y, por supuesto, tu autoestima está desinflada. Las personas con problemas de peso a menudo se retiran de la interacción social. Y esto lo compensan de otras maneras porque se sienten inadecuadas debido a este campo de energía. No son personas inadecuadas en absoluto; simplemente mantienen ese punto de vista con respecto a su situación, y la negatividad consiguiente afecta a sus emociones.

Y ascendemos al siguiente campo, que es la ira. La persona está enfadada con su problema de peso, está resentida y llena de quejas. En el nivel 150, probablemente la persona va a emplear la ira con más eficacia que la culpa o la desesperanza. Si estás suficientemente enfadado con tu problema de peso, puedes elevarte hasta el orgullo, situado en 175. Hay mucho poder en el orgullo, pero es mejor intentar atravesarlo. No es exactamente un lugar donde quedarse, debido a que allí el ego se infla, de modo que cabe esperar que asciendas al coraje.

Ahora que conoces algunas herramientas que van a funcionar, tienes el coraje de ponerlas a prueba. El coraje está situado en 200, que es mucho poder en comparación con los niveles 30 o 50. El coraje te capacita para afrontar, para lidiar, para manejar, y lo que acurre aquí es que te empoderas. Lo cierto es que hasta ahora no has sabido gestionar la situación, pues de otro modo ya lo habrías hecho. Esa es la verdad. Usas estas técnicas de liberación, estas técnicas de dejar ir, y te desapegas de todo el problema. Si el peso se queda, se queda, y si no se queda, eso ya no marca la diferencia. Llegado a este punto, te dices que ya no estás en la apatía, en la desesperación. Por otra parte, te sientes liberado del problema de peso y, por lo tanto, te sientes bien, y asciendes hasta la buena voluntad o buena disposición.

La buena voluntad se sitúa en 310 y supone mucha energía en comparación con la culpa y la pena. Ahora ves cuánto poder tienes. Y aquí estás de acuerdo, estás alineado con esta técnica. Por fin has declarado tu intención. Por fin vas a abordarlo, y aceptas que puede ser gestionado. Te das cuenta de que eres una persona adecuada, y empiezas a sentir confianza. Se produce una transformación porque te das cuenta de que el poder de gestionar el exceso de peso está dentro de ti, y empiezas a ascender hacia el amor. Al deseo de amarte de verdad. De amar este cuerpo, ahora que no te identificas con él. Este cuerpo no soy yo. Si me amputas la pierna izquierda, sigo siendo yo. Entiendes que yo soy yo, y que no soy el cuerpo. De modo que tanto si el cuerpo gana 100 kilos, como 40 kilos, eso que soy es inexpugnable, y ahora debo aprender a amar este cuerpo. Empiezas a valorarlo de verdad, y ves que es simplemente una pequeña marioneta de la que disfrutar. El cuerpo sigue su camino, y cuanta menos atención le prestas, mejor se gestiona a sí mismo. Simplemente hace sus cosas de manera automática.

Y si llegas a amar el cuerpo, tu cerebro comienza a liberar endorfinas. Cuando liberas endorfinas, en la conciencia se produce un proceso denominado revelación. Empiezas a ver las cosas de otra manera. ¿Qué es lo que ves diferente? Ves lo maravilloso que es tu pequeño cuerpo. Empiezas a amarlo y a disfrutar de él. Cuando tienes exceso de peso, ¿disfrutas de tu cuerpo? No. Cada vez que lo miras vuelve a enviarte a la culpa. Pero en este nivel empiezas a disfrutarlo. Empiezas a jugar con él, con alegría. Sientes alegría y felicidad con respecto al cuerpo. El cuerpo va rebotando por ahí, y apenas eres consciente de él porque estás experimentando tu existencia desde una posición de totalidad. Una vez que tomas conciencia de dónde está ocurriendo la experiencia, entiendes que la experiencia está ocurriendo por todas partes. Empiezas a identificarte con el "por todas partes", en lugar de fijarte en el estómago, o en la barriga prominente, en todas esas cosas localizadas. Eso que yo soy es aseidad consciente. La consciencia está por doquier. Empiezo a experimentar mi existencia como que estoy por todas partes en el espacio.

Empezamos a tratar con las cosas desde el Corazón, Corazón con "C" mayúscula. Al hablar del Corazón no hacemos referencia al órgano físico, sino a la cualidad de valorar tu existencia. Al venir desde esa grandeza, desde algo muy grande, desde la alegría de la vivacidad, ves que el cuerpo contribuye a ello, y es algo de lo que disfrutas. Es algo con lo que puedes divertirte, algo con lo que puedes jugar y pasártelo bien. Es muy divertido sentarte y observar cómo ocurren los fenómenos. Es muy alegre. En un día o dos, todo acaba. En un par de días, una vez que has soltado este ciclo de hambre y apetito, el resto es automático. No tienes que hacer nada más.

Es distinto de estar a expensas de la culpa, de ser dirigido por la culpa. Ahora tienes elección. Otro truco que funciona es poner un sobre dentro del frigorífico. En el sobre, pon una fotografía tuya en la edad adulta, de modo que recuerdes que tienes elección con respecto a qué brazo va a abrir la puerta del frigorífico [el del niño dentro de ti o el del adulto]. Mantén al niño alejado, porque el niño va a servirse todo lo que quiera.

Todo ello se convierte en una experiencia muy agradable, en la que empiezas a amarte a ti mismo. Básicamente, todas estas técnicas de autocuración de las que hablamos solo son maneras de amarte a ti mismo, maneras de empezar a valorarte a ti mismo, y a eso que eres en verdad.

Verás que la mente, el ego, te ha hecho trampa. Tú crees que tomas la decisión, y después es el cuerpo el que la toma. En realidad, la está tomando por sí mismo, en automático. Una vez que lo has liberado del patrón negativo, el cuerpo se gestiona muy bien a sí mismo. Sabemos esto por experimentos científicos que hemos hecho con niños pequeños. Si les permites seleccionar su dieta espontáneamente, seleccionan de manera automática una dieta equilibrada. De modo que empiezas a obtener un rédito de tu fe en la naturaleza. Ahora dejas que el cuerpo sea él mismo. Eso que es natural dentro del propio cuerpo gestionará automáticamente sus necesidades nutricionales.

Una vez que sales de la programación social, lo que toma el mando es eso que es automáticamente autocurativo y saludable dentro del cuerpo. Cuida de sí mismo, y elige lo que necesita comer y lo que quiere comer. Y lo hace extremadamente bien. Mi cuerpo ingiere mucho colesterol, le encantan los huevos y el queso, y mi dieta haría desmayarse a cualquier dietista. Estoy seguro de que cualquier nutricionista se desmayaría al ver lo que desayuno. Sin embargo, mi colesterol es normal, el nivel de azúcar en sangre es normal, toda la química de la sangre es normal. Yo tengo fe, podrías decir, en el Dios que está dentro de la naturaleza misma, siendo el cuerpo parte de la preciosa naturaleza de este planeta.

●●●

Una de las mejores maneras de gestionar la depresión es comentarla con otras personas. La gente te dará *feedback*. Se trata de confiar en la energía humana en general. En realidad, la gente tiene una sorprendente disposición para ayudar a otros seres humanos. Descubrí esto en la ciudad de Nueva York. Por ejemplo, si te sientes mal y estás junto a un edificio en el que hay portero, y le dices al portero: "No sé qué me pasa, pero hoy me siento muy deprimido", sorprendentemente, el portero te responderá: "Sí, yo también tengo periodos así y esto es lo que hago al respecto...". En la humanidad hay muchas ganas de ayudar y no te das cuenta de ello hasta que pides ayuda.

Creo que unirse a una organización terapéutica también puede ayudar. La gente va a la iglesia, o a terapia de grupo, donde hay cierto tipo de dinámica de grupo. Los grupos de los Doce Pasos han sido una de las maneras más profundamente poderosas de superar gran variedad de problemas, el aislamiento social entre otros. Actualmente, hay muchos modos de conseguir una ayuda que no existían cuando yo era joven.

●●●

Como resultado de orientarse y comprometerse espiritualmente, de unirse a grupos espirituales, de practicar principios espirituales, o por el simple hecho de rezar o hacer la genuflexión —todas las cosas que simbolizan el reconocimiento de la presencia de Dios—, se produce un cambio fisiológico en el cerebro. Estas cosas empiezan a transformarte. Empiezas a experimentar y a ver el mundo de otra manera.

Mucha gente vive en el orgullo. Tomemos a las personas de orientación espiritual: en el nivel 500 y por encima, las probabilidades de que seas relativamente feliz están en torno al 90 por ciento. Estás tan acostumbrado a ser feliz que, si no lo eres por un momento, piensas que eres infeliz. Cuando tienes un pensamiento negativo, pides a Dios que lo retire: "Querido Dios, por favor, ayúdame a superar este pensamiento de enfado, y a reemplazarlo por un pensamiento agradable".

Creo que invocar a Dios es el campo de energía más poderoso y eficaz de los que están a tu disposición. A partir de ahí, gracias a la divinidad, tienes el coraje de hablar con otro ser humano sobre el hecho de que te estás sintiendo mal, tienes la oportunidad de hablar de ello. Y cuando hablas de ello, el sentimiento disminuye. Cualquier sentimiento que tengas, si hablas de él, acaba agotándose. Solo puedes sentirte tan deprimido con respecto a una serie de cosas, y cuando acabas de hablar de ellas, has resuelto esa depresión.

Esta es una de las razones por las que la psicoterapia funciona: tienes la oportunidad de compartir tus preocupaciones con otro ser humano, y el psicoterapeuta tiene tu bienestar como su objetivo principal. Es útil.

SUICIDIO ACTIVO Y PASIVO

El suicidio pasivo es no resistirse a lo negativo dentro de ti. El suicidio activo es tratar de acabar con tu vida. Es más como una respuesta de emergencia surgida de la desesperación. El suicidio pasivo es más como no tomar las medidas necesarias para sobrevivir. Y, por supuesto, es una manera de suicidarte que te deja libre de culpa, mientras que el activo haría que te sintieras culpable. Existe una objeción moral al suicidio activo. El suicidio pasivo es una manera de solventar el dilema moral evitándolo. De esta manera es el mundo quien lo hizo, no tú. La gente deja de comer, deja de tomar las medicaciones que necesita y no hace lo necesario para sobrevivir.

Si piensas que la fuente de felicidad es algo ahí fuera, entonces, ¿qué ocurre si pierdes eso de ahí fuera? ¿Qué ocurre si pierdes el título, el dinero, el trabajo, la relación? Una vez más, tienes que ver que en realidad la fuente de felicidad está dentro de ti. Incluso si ha ocurrido algo

LA SABIDURÍA DEL DOCTOR DAVID R. HAWKINS

externo a ti, eso solo es el desencadenante. La fuente de felicidad sigue estando dentro de ti y el logro de algo en el mundo simplemente la activó. Lo que se activa es la capacidad de experimentar la felicidad que emana de dentro. Y todo lo externo es un desencadenante.

En otras palabras, el dinero no puede hacerte feliz. Si digo a alguien: "Aquí hay un millón de euros" y le doy un maletín lleno de dinero, la persona se siente feliz al instante. Pero su vida no cambia. Se va a sentar en la misma silla, con las mismas facturas. Es el pensamiento —el pensamiento de que ahora, de repente, va a ser rico— el que le hace feliz. Lo que le ha hecho feliz es este pensamiento loco y salvaje de que el dinero le va a hacer feliz.

Después de todo, no es el dinero lo que le hace feliz, sino el pensamiento sobre el dinero. Si sitúas la fuente de felicidad en algo externo a ti, vives con miedo a perderlo. Si ves que la fuente de felicidad está dentro de ti, lo único que hace lo externo es liberar algo que inicialmente era interno. Nada ahí fuera puede hacerte feliz. Nada puede hacerte feliz en el mundo. ¿Por qué? Porque la felicidad irradia desde dentro. Todo lo que puedo hacer es activar ese potencial dentro de ti. Si te digo que hay mucho dinero en este maletín, y lo pongo en el armario, y si lo necesitas siempre estará aquí, te sentirás feliz. Te sentirás seguro. No tiene nada que ver con si allí hay dinero real o no. La *creencia* de que allí hay dinero es todo lo que necesitas.

Hace muchos años hubo una historia famosa, la Cuenta Bancaria de Mamá. Una familia estaba muy preocupada durante la Gran Depresión. Todo el mundo era muy pobre y sentían pánico. Mamá dijo:

—Bien, no os preocupéis, porque si realmente necesitáramos el dinero para eso, lo sacaré de mi cuenta bancaria.

Todo el mundo se calmó. El hijo dijo:

—Si pierdo el empleo, no podremos pagar el alquiler.

Y Mamá respondió:

—No le des importancia. Sacaré el dinero de mi cuenta bancaria.

La familia perdía el miedo con la *idea* de que la cuenta bancaria de Mamá resolvería los problemas. Y cuando Mamá finalmente murió, descubrieron que nunca había tenido una cuenta bancaria.

Debajo de la depresión hay un miedo o una combinación de miedos. Y una manera de salir de la depresión es examinar todos los miedos que tienes. Olvídate de la depresión y simplemente afronta los miedos. Y si afrontas los miedos, los miras y los resuelves, la depresión desaparecerá. Así, a nivel clínico, la depresión siempre se basa en un miedo: el miedo a no ser lo suficientemente bueno, a que no vas a lograr algo, el miedo al futuro, al castigo de Dios, a la desaprobación. Si gestionas los miedos, la depresión desaparecerá.

•••

Por tanto, la salud surge de una actitud mental positiva. Esto es algo que hemos oído muchas veces, ¿cierto? De hecho, a muchas personas les molesta esta idea,

porque lo que se infiere de ella es que, si tengo una enfermedad, no tengo una actitud mental positiva. Examinemos entonces la actitud mental. Examinemos qué
quiere decir eso, y qué parte desempeña en la salud y en
estar libre de la enfermedad y el sufrimiento.

Hemos dicho que una de las cosas que están presentes en la persona enferma es la culpabilidad inconsciente. La cura para ella es estar dispuesto a perdonar,
y si fuera necesario, hacer realmente cursos de perdón,
como *Un curso de milagros*, que está diseñado específi-
camente para soltar la tendencia de la mente a criticar,
atacar y juzgar. Se trata de estar dispuesto a abandonar
los juicios. Ahora bien, este mecanismo del juicio es inconsciente. Es posible que la persona no vea la conexión
entre la enfermedad y el hecho de que su mente critica y
juzga. Si tu mente es crítica y juzga a otros, también será
crítica contigo y te juzgará.

Así, la creación de culpa inconsciente depende de
cierta energía que se expresa a través del sistema nervioso autónomo, y del sistema energético de acupuntura. Y
la cura es perdonar. Según hemos dicho, la contribución
de la mente, del sistema de creencias, es la capacidad de
negarse a negar la curación. Se trata de estar dispuesto
a recuperar tu poder ahora, pues es la mente, la mente
misma, la causa de la enfermedad. Estar dispuesto a renunciar a la posición de víctima. Estar dispuesto a volver
a adueñarte de tu propio poder forma parte de la tercera
cosa que es necesaria para la salud: nuestro crecimiento
y desarrollo espiritual general. Se trata de salir de manera

generalizada de estos patrones de energía negativa, de estar dispuestos a afrontar las verdades dentro de nosotros mismos, y a entrar en campos de energía positivos.

Esto puede hacerse con relativa rapidez. ¿Por qué? Porque la clave está en estar dispuesto. Se trata de estar dispuesto a mirarlo, a decir: "Bien, en realidad no me lo creo, pero se dice que mi mente tiene el poder de generar una enfermedad en mi cuerpo. De modo que estoy dispuesto a examinar esto, porque tengo una mente abierta. Tengo una mente abierta, y estoy dispuesto a investigar y a aceptar lo que descubra. Empiezo a descubrir que sentir amor tiene un poder curativo y sanador". ¿Cómo hacemos esto? Lo hacemos con nuestra voluntad de perdonar, y si perdonamos, podemos estar dispuestos rápidamente a ser compasivos.

¿Qué significa la compasión? Compasión significa estar dispuesto a ver la inocencia en todas las cosas. Esto coincide con estar dispuesto a perdonar. De la compasión surge la capacidad, emanada de nuestra intención, de ver realmente qué hay dentro del corazón de los demás. Y cuando vemos lo que hay en el corazón de los demás, descubrimos la inocencia del niño dentro de todos y cada uno de nosotros. Porque es intrínseca a la naturaleza de la conciencia misma, esa inocencia intrínseca no muere nunca, por más tiempo que vivamos. La inocencia del niño es lo que produjo el error, lo que trajo originalmente el programa negativo.

Se trata de ser conscientes de que esa inocencia intrínseca está siempre con nosotros. Es la inocencia del niño que se sienta allí, delante del televisor, y absorbe la programación negativa debido a su ingenuidad y falta de discernimiento. La inocencia del niño no le permite ninguna precaución. No hay nada dentro de la inocencia del niño que piense: "Este mundo está ahí fuera para programarte con tanta negatividad como estés dispuesto a comprar". De hecho, pagan bien por hacer eso, porque la publicidad generalmente se basa en desplegar campos de energía negativos: todos nuestros miedos, nuestros deseos, nuestro orgullo. Por tanto, hemos de estar dispuestos a tomar conciencia de la inocencia que está dentro de nosotros, y a entender que tiene que ser protegida.

Ahora llegamos a lo que se denomina autocuidado. El autocuidado, la capacidad de amarse a uno mismo, implica la responsabilidad de proteger esa inocencia, y estar dispuestos a deshacer los errores que la mente ha ido incorporando como resultado de su inocencia. Si sentimos compasión al darnos cuenta de la inocencia intrínseca de nuestra conciencia, podemos mirarnos a nosotros mismos y curar lo que encontremos dentro. Vemos que lo que Dios programó fue inocencia. Ahora nos responsabilizamos de ello y decimos: "Bien, en mi inocencia, he comprado todo esto. En mi inocencia, no supe hacerlo mejor. En mi inocencia, pensé que lo mejor era juzgar y condenar a la gente, juzgar si estaban en lo correcto o si se equivocaban. Ahora veo que eso me ha hecho enfermar y por eso lo voy a soltar".

Esta capacidad de perdonar está dentro de nosotros. Es la capacidad de sentir compasión, y de ella surge una actitud general, una manera de mirarnos a nosotros mismos. Desde nuestra grandeza, desde nuestra magnitud, miramos a nuestra humanidad con ojos perdonadores, y empezamos a perdonarnos a nosotros mismos por todas las limitaciones y negaciones de la verdad.

El cuerpo refleja lo que la mente cree, y la mente refleja nuestra posición espiritual. El espíritu tiene el máximo poder y, por lo tanto, nuestra posición espiritual determina literalmente si tendremos un cuerpo físico saludable o no. Una vez que estamos dispuestos a aceptar el poder de la mente, tenemos que mantenernos atentos y perseverar. No podemos permitir que exprese negatividad sin detenerla. Llegamos a desarrollar un oído para la negatividad y empezamos a reconocerla tal como es. Soltamos la falsa humildad y empezamos a cuestionar comentarios como: "No soy muy listo", o "Mi caligrafía es pobre" o "He ganado mucho peso".

En cuanto nos oigamos decir estos pensamientos limitantes, derrotistas, y de autoataque, tienen que ser detenidos y cancelados. La caligrafía es pobre porque tengo la creencia de que lo es, y no al revés. Lo que estamos haciendo ahora es invertir toda la programación de la mente en cuanto a causa y efecto. Estamos volviendo a un principio que puedes demostrar en tu propia experiencia: lo físico es la expresión de lo mental, y no al revés. No llegamos a la conclusión de que nuestra caligrafía es pobre porque nuestra caligrafía es pobre. Nuestra caligrafía es pobre porque la causa está en la mente, en el sistema de creencias, tal vez en un comentario que captamos en la infancia. Alguien dijo que tu caligrafía era pobre y desde ese momento ese programa está operativo.

Capítulo 10

Iluminación

En este último capítulo de La sabiduría del doctor David R. Hawkins, *el doctor Hawkins amplía su visión desde la iluminación del individuo a la iluminación a nivel nacional y global. Y como aprenderás en las secciones siguientes, la iluminación a cualquier nivel que se experimenta en la vida se alcanza aplicando los mismos principios espirituales.*

El reto para cada uno de nosotros es convertirse en un líder iluminado, de modo que podamos inspirar a una generación de líderes iluminados que puedan ayudar a elevar el nivel de calibración de nuestro país y, en último término, de nuestro mundo.

El doctor Hawkins comienza esta sección comentando el clima político siempre dividido, y concluye con una oración de unidad para enviarte con alegría y valor a avanzar más por el camino de la iluminación.

En los últimos años, el diálogo político ha calibrado en el nivel de conciencia 200. En mi generación, el diálogo político calibraba en 280 o 290, de modo que ahora ha bajado mucho. Está justo al borde de los 200, ni bueno ni malo.

Esto se debe a la influencia de los medios, que ya hemos comentado en el capítulo anterior. A la gente no le interesa lo que eres en realidad. Lo que le interesa es el tipo de imagen que se proyecta de ti. Se espera que la imagen proyectada influya en el populacho. Y como suelo decir, las elecciones se basan en la popularidad, no en la capacidad. Es como ser el cirujano más popular de la plantilla. Eso no significa que seas el mejor. Si me van a operar de un tumor cerebral, no me interesa un concurso de popularidad, me interesa la experiencia.

Nuestra sociedad no toma en consideración la experiencia; lo que se tiene en cuenta es la popularidad. Piensan que la popularidad es lo que consigue votos, de modo que el objetivo del diálogo político es ser muy consciente de los medios e intentar jugar con ellos y con los prejuicios y creencias de las personas, en lugar de guiar a la gente. Algunos piensan que esto es un gran paso adelante, pero no lo es. Es solo jugar con la popularidad. Tenemos sexismo y racismo y también, por supuesto, tenemos "discriminación por la edad". Todos estos "ismos" batallan entre ellos. Como decimos, en cuanto añades un "ismo" al final de algo, ese algo desciende al nivel 200. El impacto real del diálogo está por debajo de 200. En los medios, vemos a personas intentando suprimir ciertas cosas y amplificar otras. Esa es la manipulación habitual.

El deseo de ocupar un cargo público es voraz, y una vez que infecta a las personas, parecen estar dispuestas a hacer o a decir cualquier cosa por conseguirlo. Como digo, en cuanto eres elegido, el 50 por ciento de la gente te odia porque han votado contra ti. Es difícil decir por qué ostentar un cargo es tan popular..., narcisismo, supongo.

Yo considero que ocupar un cargo público es una responsabilidad, eres elegido porque se reconoce tu capacidad de ser el mejor líder en ese momento. Yo he vivido en otra generación y recuerdo el comienzo de la Segunda Guerra Mundial. Winston Churchill fue elegido para ser quien fue debido a su capacidad, no a su popularidad. Después de ganar la guerra, en la siguiente elección, después de salvar sus vidas, el populacho no le votó. Ese fue el agradecimiento que recibió, el agradecimiento que recibió por conseguir ganar la guerra y mantener unido al pueblo británico. ¡Con el nivel de conciencia 500 y ni siquiera le reeligieron! Eso fue una puñalada trapera, ¿cierto? Lo sacrificas todo por tu país, para salvar tu país, y ni siquiera te vuelven a elegir. Esto es lo que ocurre en la política.

La integridad es lo primero: carácter e integridad, además de capacidad. Quieres a alguien con mucha experiencia y gran integridad, y con un buen sentido de la realidad, que entienda la política y haya estado en ella el tiempo suficiente. Básicamente, lo que buscas son características positivas. Ahora bien, ninguna de esas características tiene nada que ver con la raza o el género. El género no te convierte en mejor político, ni tampoco la raza, ni el color ni ninguna de esas cosas, como tampoco harían de ti un mejor médico. No importa de qué color sea un cirujano cerebral. Quiero al mejor cirujano que haya.

•••

La forma política de la democracia no lleva más que un par de cientos de años. Y a veces solo sobrevive porque está restringida o se orienta en otras direcciones. ¿Qué antigüedad tiene la democracia en nuestro país? Y todavía parece estar operando bastante bien. Pero la gente más ignorante, la más egoísta, la gente con menor nivel de conciencia va a votar en función de la ganancia personal. No votan por el bien de la comunidad, el bien del pueblo, ni en función de la buena voluntad, o de la salud, o de las relaciones públicas, sino por egoísmo.

Todos los niveles de calibración por debajo de 200 son narcisistas. Es todo yo, yo, yo, ¿qué puedo *conseguir?* Cuanto mayor es el nivel de narcisismo, mayor porcentaje de la población se sitúa por debajo de 200, y mayor es el peligro para la supervivencia de la democracia. Llegados a este punto, descuidan sus deberes hacia la sociedad, hacia sus compatriotas. Toman decisiones basándose en ciertos valores intrínsecos.

De modo que cuando hablamos de elevar la conciencia, suena como que encierra un propósito: vamos a hacer esto y entonces el nivel de conciencia ascenderá. Pero lo que has de hacer es reafirmar el valor de eso que es íntegro. Lo reafirmas mediante el respeto constante.

GUERRA Y PAZ

La gente piensa que guerra y paz son opuestos. No son opuestos en absoluto. La gente cree que, si no se dispara a nadie, ya tienes paz. No tienes paz. Porque eso que se alimenta de la guerra está muy vivo. De hecho, en la guerra hay manifestaciones a favor de la paz.

La paz es el estado natural cuando prevalece la verdad. Es el campo. En el campo mismo, el estado natural es la paz. Cuando la verdad prevalece, tienes automáticamente paz. La guerra no tiene nada que ver con la violencia. Tiene que ver con la condición que se produce automáticamente cuando prevalece la falsedad. El opuesto de la guerra no es la paz. Por lo tanto, si la base de la guerra es la falsedad, debe ser la ignorancia, la incapacidad de distinguir entre verdad y falsedad.

La paz es el estado natural cuando prevalece la verdad.

Lo más asombroso con respecto al libro *El poder frente a la fuerza* —y puedo decir esto porque no hay un yo que sienta egoísmo con respecto a ello, fui simplemente el testigo de su escritura— fue que estableció por primera vez en toda la historia humana cómo diferenciar entre verdad y falsedad. El karma de la humanidad cambió con este libro. Hasta ese punto, nadie, en ningún punto del tiempo, podía establecer la diferencia entre verdad y falsedad, excepto un místico avanzado, y estos se mantenían en lugares seguros. No salían a primera línea.

Así, la base de la guerra es la ignorancia. Cuando observas la historia de la Alemania nazi, cómo crecieron las juventudes hitlerianas, se te rompe el corazón, porque esos jóvenes pensaban que iban a un campamento de Boy Scouts. Hacían fuegos de campamento y se daban las manos, y hacían cosas valientes por su padre-patria. Puedes ver la inocencia. La mente humana es incapaz de distinguir entre verdad y falsedad porque solo es el componente físico del ordenador. Y la sociedad instala los programas. El componente físico no sufre cambios. *Un curso de milagros* dice que la inocencia permanece inmaculada pase lo que pase. El componente físico no se ve afectado por los programas. La sociedad suministra los programas.

Puedes considerar la situación de estos niños inocentes. En el último siglo, cien millones de personas han muerto debido a esa inocencia, cien millones. Y Jesucristo dijo: "Solo hay un problema: la ignorancia. Perdónalos. No saben lo que hacen". Ignorancia. Buda dijo: "Solo un pecado, ignorancia".

LOS SIETE PASOS PARA BENEFICIAR AL MUNDO

Número 1. Crea un consejo asesor

Bien, esto no va a agradar a todos, pero cualquier tipo de estudio académico o clínico incluye recomendaciones finales basadas en los hallazgos realizados. Como he comentado, antes de invertir dinero en una investigación es muy importante calibrar el nivel de integridad del diseño de investigación, al investigador, y la intención del estudio. Hicimos un estudio sobre política internacional, los niveles de diversos gobiernos, de los tipos de gobierno y de los líderes políticos remontándonos al comienzo de la historia. Acabamos con lo que pensamos que tal vez sería la estructura básica para una ciencia de la diplomacia que no estuviera basada en la percepción y la imagen de los medios, sino en la realidad. Estudiando nuestra sociedad desde un punto de vista político, estudiando la historia de la guerra, y analizando los detalles de diversas guerras, llegamos a algunas sugerencias.

En los políticos, el nivel de conocimiento de los asuntos sobre los que legislan es extremadamente bajo. Por ejemplo, aprueban leyes sobre medicina y todo tipo de aspectos de la sociedad, el comercio internacional, etcétera, y sin embargo su conocimiento de estos temas es mínimo.

Las catástrofes de la sociedad y de la civilización se han repetido una y otra vez. Si calibramos las diversas formas de gobierno, vemos que la democracia está cerca de la cima, pero no en la cima. Curiosamente, descubrimos que un gobierno basado en un consejo asesor, o la denominada oligarquía, calibra todavía más alto. Un avance de cinco grados o de cinco puntos es muy significativo. Si examinamos los sistemas políticos, simplemente los calibramos en abstracto. Vemos que la oligarquía se sitúa en 415 y es la más alta de todas las formas de gobierno. La democracia se sitúa en 410, que es muy arriba. El gobierno de la Nación Iroquesa está en unos 400, la coalición en 345, el socialismo en 300, la monarquía en 200, etcétera. A partir de ahí, baja.

La oligarquía es un sistema muy antiguo. Y no nos resulta familiar a los americanos. La supervivencia de la mayoría de las sociedades tribales se basa en la sabiduría y sagacidad de los ancianos de la tribu, que son reverenciados. El jefe no es lo mismo que el consejo oligárquico de ancianos. Lo que parece faltar en nuestro país es un consejo de ancianos. Tenemos un gabinete. Todas las posiciones de poder político están ocupadas por cargos designados. Lo importante es a qué partido perteneces, quién es tu amigo y hacia quién estás obligado. En esencia, ¿a quién tienes que comprar? Porque, a partir de mi propio alineamiento personal con la integridad y la verdad, y con lo que es beneficioso para la sociedad y el mundo, sin ningún posicionamiento particular, creo que necesitamos un consejo de ancianos. Ahora bien, el equivalente de un consejo de ancianos es un consejo asesor.

En la antigüedad, quien tenía el poder era una verdadera oligarquía, el consejo de ancianos. Debido a la naturaleza de nuestro gobierno, esto no sería viable ni operativo. Nuestra constitución no está preparada para ello. Sin embargo, se necesita algo que esté más allá del gabinete de gobierno. Un órgano compuesto por hombres y mujeres de estado y no por políticos. La persona de estado calibra muy por encima del político, debido a los intereses de este. Churchill, un hombre de estado, mantuvo unido al pueblo británico durante la Segunda Guerra Mundial gracias a su energía espiritual.

Un consejo asesor está compuesto por personas que no tienen nada más que ganar. Tienen la vida resuelta.

No necesitan nada. ¿Qué haces cuando lo tienes todo? Te ofreces para ser útil, para prestar servicio. Consideremos a las personas que han sido extremadamente exitosas en el mundo de los negocios: ya no necesitan más dinero, títulos ni poder. Pero tienen sabiduría. ¿Cómo construyes una corporación gigantesca, la mayor del mundo? ¿Cómo haces que funcione General Motors?

Tomas a estas personas que ya no tienen nada que ganar a nivel personal, con la sabiduría que comparten entre ellas sobre los problemas del país, y las pones a disposición de los políticos como consultores. No te van a decir lo que tienes que hacer, pero van a ver que, si haces este movimiento, te estás olvidando de aquella consecuencia. Una verdadera persona de estado apuntaría: "Yo haría ese movimiento, pero lo haría despacio para no crear oposición. Vas a crear una oleada en tu contra. Vas a derrotarte a ti mismo. Vas a conseguir que las proposiciones sean votadas en primera instancia, pero después vendrán las repercusiones, y van a volver a pasarte por encima".

El consejo asesor está ahí para guiar las políticas y la toma de decisiones porque pueden contextualizarlas, decirte cuál es la ventaja y la desventaja.

Número 2. Aprende a diagnosticar el narcisismo mesiánico maligno y, por tanto, a identificar y contrarrestar a los líderes peligrosos antes de que amenacen al mundo

Esto es crucial. Es una cuestión de educar al público. A medida que avanzas, aumenta tu capacidad de reconocer e identificar esta psicopatología que está presente en algunos políticos. Si las personas están sintonizadas y son conscientes del narcisismo, empiezan a reconocerlo en una etapa temprana, y no después de que los narcisistas hayan creado la Gestapo, o la policía política rusa, no después de que hayan matado a los mejores generales, o de que hayan exterminado a todos los intelectuales, de que hayan transportado a todos los judíos fuera de Alemania, o sacrificado todo tipo de cosas de su sociedad. Porque, cuando ya sea tarde, podrían decir: "¡Vaya error hemos cometido!". Han muerto diez millones. No hace falta que mueran diez millones de personas antes de que la gente se empiece a cuestionar: "Me pregunto si hemos tomado la decisión correcta".

Esta es una de las cosas que hace el consejo asesor: permite a la gente del mundo diplomático tomar conciencia de con qué están lidiando. Puedes escuchar proposiciones tontas, como: "Si somos dulces y amables con ellos, nos amarán". Sabes que esto es ridículo. Si calibras eso ahora mismo, obtendrás un "no". La pseudomasculinidad maligna odia lo femenino. Estás hablando desde lo femenino a una conciencia que odia lo femenino. Calibras la posición de las mujeres y los niños en esas culturas totalitarias y represivas, y están aproximadamente al nivel de los perros. No se les permite ser propietarias de nada, ni salir a la calle, ni ir a ninguna parte ni ser nada. Así, para poder sobrevivir, tiene que haber un modo de reconocer y diagnosticar el narcisismo mesiánico maligno antes de que esté descontrolado, porque una vez que hayan matado a los intelectuales, y a todas las personas capaces de reconocerlo, ya es demasiado tarde.

El coste de no ser capaz de reconocer y diagnosticar el narcisismo mesiánico maligno asciende a cien millones de vidas durante el último siglo. En el periodo de mi vida, cien millones de personas han muerto a causa de esta ignorancia. Y es muy fácil de diagnosticar.

Número 3. Identifica las tendencias peligrosamente falaces antes de que se extiendan como una epidemia

La falacia se disfraza de verdad, y la mente ingenua, y especialmente la mente maligna, es incapaz de discernir entre verdad y falsedad. Lo que puede ser vendido como razonable, ahora se vende como *chic*, superior y elitista. Esto ha hecho descender el nivel de calibración de la integridad de las instituciones académicas. Ahora ves a los académicos diciendo cosas tan escandalosas que no se las creería ni un niño de primaria, y se les toma en serio.

Tenemos un síndrome distinto: la distorsión de la verdad al servicio de fines egoístas. En mis libros hemos hecho un seguimiento de las filosofías recientes, hemos calibrado a los filósofos más destacados que promulgan las diversas versiones del relativismo, acabando con la hermenéutica distorsionada de la epistemología relativista. En términos más llanos, esto implica distorsionar la verdad de tal modo que te crees *Alicia en el País de las Maravillas* y dices: "Bueno, esto significa lo que yo quiero que signifique". No significa lo que significa en el diccionario. Llevémoslo al extremo. Ahora tenemos libertad de expresión y puedes decir: "Bien, el discurso es expresión". De modo que discurso significa expresión, y esto implica que puedes decir lo que quieras, en cualquier parte, en cualquier momento. ¿Cuándo deja el discurso de ser discurso? Si interpretamos que discurso es expresión, entonces la acción también cabe en la expresión, y entonces el Ku Klux Klan es totalmente legal, ¿cierto? Y también lo son la sedición y la traición. ¿Y por qué no el asesinato? Oh, porque ahí haces daño a otra persona. ¿Es esa la única línea entre la verdad y la falsedad? Puedes hacer y decir cualquier cosa, comportarte de cualquier manera mientras no lesiones a nadie físicamente. Esto nos lleva a la dimensión más baja. Eso nos deja más bajo que las tribus primitivas. Las tribus primitivas operaban a un nivel de integridad moral y de responsabilidad social muy superior al de si tu comportamiento va a causar o no un daño físico.

Número 4. Contrata la experiencia de una empresa privada de éxito para llevar a cabo las operaciones vitales

Un consejo asesor identifica esta tendencia. Al calibrar los niveles de conciencia, puedes calibrar la energía de las diversas filosofías. Las consecuencias de que los perpetradores y defensores del relativismo se vinculen con las teocracias fascistas de la extrema derecha son suficiente para destruir nuestra civilización occidental.

Ahora calibremos esto. Estudiemos la combinación de estas dos ideologías por medio de la reiteración y las dinámicas no lineales. Uno de los principios que rigen los sistemas no lineales es la dependencia sensible de las condiciones iniciales. Si tienes un defecto en la vigesimosexta cifra decimal, y esto es algo que ocurrió en uno de los ordenadores más famosos en tiempos recientes, podrías decir: "Oh, bien, la vigesimosexta cifra decimal, ¿qué más da?". Pero, por reiteración, pulsando esa tecla decenas de millones de veces, puedes derribar un edificio entero. La combinación de relativismo y teocracia, y te lo digo como miembro autodesignado de un consejo asesor, es suficiente para arruinar nuestra sociedad. El consejo detectaría esto antes de que llegara a generalizarse. Desde la observación realizada para obtener nuestras calibraciones, creo que es muy bueno utilizar a la empresa privada para llevar a cabo operaciones vitales en el mundo de los negocios.

Número 5. Utilizar una capacidad de inteligencia precisa y sofisticada mediante el empleo de las técnicas de calibración de la conciencia para decirnos qué está pasando realmente

Examinemos las operaciones de inteligencia tradicionales. Si diriges una gran corporación privada y no sabes lo que trama la competencia, tienes los días contados. El nivel calibrado de integridad de nuestras operaciones de inteligencia, antes de Pearl Harbour y del 11 de septiembre de 2001, era un fracaso completo.

Un consejo asesor, que no tiene nada que ganar ni que perder, diría: "Necesitas un diagnóstico experto. No puedes hacer una operación quirúrgica basándote únicamente en una suposición o en un punto de vista político". Es como hacer que la familia participe en la operación. "Ahora vamos a votar todos". ¿Puedes imaginar a una familia mirando por encima de tu hombro mientras realizas una operación quirúrgica? Te digo que esto no ocurrirá cuando yo esté de guardia.

Con un consejo asesor y técnicas de calibración, entenderíamos mucho mejor estos problemas, y dispondríamos de mejores estrategias para lidiar con ellos.

Número 6. Desarrollar una diplomacia internacional basada en la información precisa y específica que se pueda obtener mediante las técnicas que se describen en este libro y en esta serie de conferencias

Diplomacia internacional. ¿Cuál es la intención de ese país en cuanto a su capacidad nuclear? ¿Cuál es su capacidad nuclear? Esto no depende de las opiniones de los políticos. Nuestra supervivencia depende de conocer la verdad y los hechos.

Cuando se tocan esos temas, ya no es el tiempo de la política. El consejo asesor está *más allá* de la política. No le interesa la política, excepto como una expresión de eso que sustenta y es beneficioso para el país y para el mundo en general. Como he mencionado en algunas de mis conferencias, me he sentido avergonzado por cómo algunos representantes de Estados Unidos se han comportado hacia algunos líderes de otros países. Recuerdo a un entrevistador de televisión entrevistando al presidente de China. El presidente de China preside el mayor país del mundo, y este entrevistador le dice que China debería examinar esta política y adoptar aquella. El presidente de China manejó muy bien la situación, pero yo pensé que el entrevistador le faltaba al respeto y se mostraba insultante y carente de sensibilidad. Un consejo asesor aconsejaría en contra de presentarnos de una manera tan agresiva ante otros líderes mundiales.

Número 7. Usar alianzas comerciales, más que políticas basadas en el poder, para facilitar y beneficiar nuestras relaciones con otros países

Por debajo de 200, el único interés que tiene un país es: "¿Qué podemos conseguir de esta situación para nuestro beneficio?". Bien, en el caso de China, además de que podría suponer una teórica amenaza económica para Estados Unidos, también podría ser un enemigo muy severo. Incluso ahora, a algunas personas les gustaría meter baza en la relación para enemistarles. ¿Por qué ser enemigos? Toda su economía, el éxito de su economía, se basa en el comercio con Estados Unidos. Creo que algunas grandes empresas, como Walmart, están haciendo más por impedir la guerra con China que todos los diplomáticos del mundo juntos.

Los acuerdos del comercio internacional son un modo de imposibilitar la guerra, y no se trata de comprar a otros países. No creo en sobornarlos. Si Estados Unidos proporciona fondos a países extranjeros que le odian, y esos países usan el dinero para construir misiles y destruir a Estados Unidos, el consejo asesor diría: "Esto es ridículo". En cuanto al comercio, debes tener en cuenta algunas consideraciones intrínsecas y saber que depende de ciertos factores. Y dichos factores aseguran tu seguridad. No necesitas misiles balísticos, a menos que tengas como jefe del estado a un maníaco, porque el maníaco está dispuesto a aniquilar a su propia población. Saddam llamaba perros a sus súbditos. Hitler dijo: "Quemad París. Quemad Alemania. Merecen morir por haber perdido la guerra". Cuando a los dictadores se les ve el plumero hasta el punto de que incluso la persona más inconsciente puede reconocer lo que son, ya es demasiado tarde.

De modo que te aconsejo un diagnóstico precoz del cáncer. No esperes hasta que haya metástasis en todos los órganos vitales. Como médico, estoy muy interesado en usar esta técnica para el diagnóstico precoz a fin de impedir las enfermedades de la humanidad llamadas muerte y destrucción, hambrunas, y los horrores de la guerra.

¿Qué coste tiene hacer esto? Ninguno. Ahora mismo nos llevaría unos dos segundos. Podemos reconfirmar las posiciones de cada país del mundo —su capacidad nuclear, su intención, etcétera, el nivel de sus líderes— en solo cinco minutos. En cinco minutos podemos saber más que toda la diplomacia y las operaciones de inteligencia de todo el mundo. Ahora puedes ver por qué es tan asombroso diferenciar entre verdad y falsedad. En un segundo podemos averiguar cosas que los agentes internacionales de inteligencia son incapaces de descubrir. E incluso lo que descubren solo es una posibilidad o una probabilidad, y más adelante podría verse que esa información era falsa.

Como médico estoy interesado en emplear el test muscular en beneficio de la sociedad, para prevenir la guerra y ponerlo al servicio de la sabiduría. La sabiduría es verdad y es un servicio de Dios, y por tanto ha de estar al servicio de Dios. Practicar el servicio desinteresado es utilizar nuestros talentos, nuestras habilidades, nuestra energía, nuestros años de vida para estar al servicio de toda la humanidad como una expresión de amor, y de no dualidad devocional. Le llaman devoción.

En el cierre de esta sección, el doctor Hawkins ofrece una oración para que los lectores conecten con la fuente de toda existencia, el silencio infinito, y para experimentar un sentimiento de estar centrado y sentirse agradecido.

• • •

ORACIÓN DE LA NO DUALIDAD DEVOCIONAL

Y así, pensé que la voz de Dios es el silencio, y que nos hundimos en la voz de Dios. Nos hundimos en el silencio, que es indicador de la divina presencia. Detrás del pensamiento, detrás del pensar, hay un silencio infinito. Y el silencio infinito es la fuente de toda existencia. Y entre los pensamientos, bajo los pensamientos, está el silencio profundo. Y lo único que tenemos que hacer es tomar conciencia de ese silencio dándonos cuenta de que está ahí.

Detrás de todo sonido del universo, el silencio siempre está allí. Detrás del sonido en los bosques, los bosques están silenciosos. El sonido del pájaro no tiene nada que ver con el silencio. ¿Ves? El silencio persiste, aunque haya sonidos sobre él. La única razón por la que puedes oír el sonido es que se emite contra un trasfondo de silencio. El silencio está allí mismo, en medio del sonido.

Enfócate en el silencio, que siempre está presente, en medio de la cacofonía y la catástrofe, mientras vuelan las balas, los aviones chocan y el infierno se abre, y allí no hay nada sino silencio infinito. Identifícate con ese silencio y simplemente mantén la conciencia. Sigue con tu vida diaria, haz todo lo que tengas que hacer y sigue siendo consciente en todo momento de la presencia del silencio.

Eso te da un centramiento. Una oración de centramiento por la que siempre eres consciente del silencio, que es contexto infinito. La realidad de la presencia de Dios es un silencio infinito. Y entonces, lo que tienes en mente en ese silencio tiende a manifestarse, no como resultado de la causalidad, sino de la manifestación del potencial.

Y te damos las gracias a Ti, oh, Señor, por tu divina presencia como infinito silencio del cual surge nuestra existencia. Amén.

Acabamos tal como comenzamos, con *Gloria in Excelsis Deo*. Te damos las gracias, oh, Señor, por tu divina presencia. Tú eres mi regalo. Tú eres mi regalo de Dios. Gracias, Dios.

Material extra

Las cualidades más valiosas para un buscador espiritual

En este capítulo extra, compartimos una de las últimas conferencias que dio el doctor Hawkins, en la que se enfoca en las cualidades más valiosas para el buscador espiritual.

Empezamos con la certeza, el conocimiento. Simplemente has de saber que, si te orientas hacia la espiritualidad, progresarás. Por lo tanto, comienza con un sentimiento de seguridad. En lugar de inseguridad o de dudar de ti mismo, has de saber que cualquiera que quiera evolucionar espiritualmente recibirá la ayuda necesaria. El éxito está *garantizado*. Libérate de la duda con respecto a ti mismo, de cualquier idea de que no vales, o de que no eres capaz de hacerlo, o de que ahora no es el momento. Siempre es el momento. Acepta sin reservas que estás a la altura de esta empresa. Ten la resolución de rendirte totalmente a la verdad sobre Dios. Ríndete a la verdad sobre Dios, y confía en que tu evolución espiritual está alineada con la voluntad de Dios para ti. De modo que comienza siempre con un sentimiento de seguridad en lugar de dudar de ti mismo. La prueba viviente del amor de Dios y de su voluntad para ti es el regalo de tu propia existencia. El hecho de que eres es la mejor evidencia que existe del amor y de la voluntad de Dios para ti.

Aquí hay algunas otras cualidades valiosas para el buscador espiritual:

No te compares con los demás con respecto a la santidad, los méritos, la bondad, el merecimiento o la impecabilidad. No te compares con otros. Lo que otros sean es irrelevante. Lo importante es lo que eres tú. Date cuenta de que todas estas son nociones humanas que tienes sobre ser mejor. Dios no está limitado por las nociones humanas.

Acepta que el concepto de "temor de Dios" es ignorancia. Dios es paz y amor, y nada más. Hay muchas personas que hablan del temor de Dios y usan a Dios como una amenaza. Dios solo es amor y paz, y nada más. La gente cree que está siendo castigada por Dios, pero no es así. Por lo que estás siendo castigado es por tu falta de alineamiento con la divinidad.

Date cuenta de que la imagen de Dios como "juez" es un engaño, una fijación del ego surgida de la culpa. Date cuenta de que Dios no es un padre. En las mentes de la mayoría de la gente, Dios se convierte en un padre que te recompensa y te ama si eres bueno, y te castiga si eres malo. Eso es lo que hace un padre. Date cuenta de que Dios es algo más grande que un padre.

Evita la negatividad —calibrada en niveles por debajo de 200— y mantén el objetivo de alcanzar el amor incondicional —nivel de calibración de 540 y por encima—. Jesucristo quería que alcanzáramos el amor incondicional. Cristo sabía que, una vez que alcanzas el nivel del amor incondicional, el destino del alma es cierto y el alma está segura. En esencia, esta es la misma enseñanza de las demás grandes religiones del mundo, como el judaísmo, el islamismo y el budismo. A veces, los estudiantes espirituales se sentirán confusos y se preguntarán si están siguiendo al maestro adecuado o si están leyendo los libros correctos. Lo que tienes que hacer es ver que la esencia de todos ellos es casi idéntica. La esencia, no la superficie, sino la esencia, es casi idéntica.

Date cuenta de que la salvación y la iluminación son, en cierta medida, objetivos distintos. La salvación guarda relación con el sí y el no. La iluminación guarda relación con llegar a ser algo que está más allá de lo que has sido. La salvación requiere la purificación del ego. La iluminación guarda relación con soltar y eliminar el ego. En cierto sentido, el objetivo de la iluminación es más exigente que simplemente ser una buena persona. La iluminación es otra cosa que ser una buena persona. Es elevar nuestro nivel de conciencia en los reinos no lineales.

Clarifica que no es un tú personal el que está buscando la iluminación, sino más bien una cualidad de la conciencia misma, que es la motivadora. Te gusta pensar *Yo* *soy esto* o *Yo soy lo otro*. Y, en realidad, es solamente la conciencia misma la que está actuando, siendo lo que es. La inspiración y la dedicación espirituales llevan adelante el trabajo dentro de ti. Todo el mundo tiene un impulso espiritual.

La comodidad reemplaza a la inseguridad cuando uno se da cuenta de que el objetivo más importante ya ha sido logrado. El objetivo es estar en el camino.

El amor espiritual, el desarrollo espiritual, no es un logro, sino una manera de vivir. Es una orientación vital que aporta sus recompensas. Y lo importante es la dirección que siguen nuestros motivos en la vida. No tiene sentido estar pendiente de tu propia puntuación, de esa puntuación que indica: "¿Hasta dónde he llegado?", o "¿Hasta dónde creen los demás que he llegado?". Solo tienes que responder ante ti mismo. Y la motivación para buscar a Dios es Dios Mismo. Nadie busca a Dios a menos que esté bajo la influencia de la divinidad, porque el ser humano, dejado a su propia dinámica, nunca pensará en ello.

Apreciar cada paso hacia delante aporta beneficios para todos. El avance espiritual de una persona aporta valor a todos, a cada ser humano. Debido a la conciencia colectiva, cada persona que mejora ayuda a elevar el nivel general de conciencia. Y a medida que este se eleva, la incidencia de la guerra, el sufrimiento, la ignorancia, el salvajismo y la enfermedad disminuye. Cuando avanzas, estás ayudando a todos a apreciar que cada paso adelante beneficia al mundo entero. Nuestro trabajo y dedicación espiritual es un regalo a la vida y al amor por la humanidad. Es agradable saber que lo que crees estar haciendo solo para ti mismo, beneficia a todos los que te rodean. Ser bondadoso con un solo ser vivo beneficia a todos.

No hay un programa ni una ruta prescrita para llegar a Dios. Aunque la ruta de cada persona es única, el terreno que se ha de cubrir es relativamente común. Cualesquiera que sean los tormentos por los que pases al intentar perfeccionarte a ti mismo, superar la pecaminosidad y el egoísmo, etcétera, date cuenta de que ese proceso es común a toda la humanidad. La gente acude en tropel a la iglesia los domingos por la mañana, y todo el mundo trabaja los mismos problemas —cómo ser menos egoísta, más generoso, más amoroso, etcétera—.

El trabajo consiste en superar y transcender los fallos humanos, que son inherentes a la estructura del ego humano. Cualesquiera que sean tus defectos, no son solo personales, no son solo tuyos. Son los problemas del ego humano. Y el problema es de evolución: la humanidad solo ha evolucionado hasta un punto dado. A uno le gustaría pensar que es algo personal. Sin embargo, el ego mismo no es personal. A la gente le gusta pensar: "Oh, yo y mi progreso", o "yo y mis pecados", o "yo y mis dificultades". Y no estás hablando de tu yo personal. El problema es un problema del ego. Así, dejas de tomarte al ego personalmente. Cuando nos damos cuenta de que, en realidad, es un problema colectivo que compartimos con toda la humanidad, eso hace que nos sintamos un poco menos culpables. No es el yo personal, es el ego humano, surgido de la estructura del cerebro y de la experiencia humana en este planeta. Queremos superar y transcender los fallos humanos habituales, que son inherentes a la estructura del ego humano. El ego humano no *tu* ego, sino el ego *humano*. De modo que dices: esto es característico del ego humano.

Heredamos el ego al convertirnos en seres humanos. El ego es un producto del cerebro y del funcionamiento cerebral. Y los detalles difieren en función de los karmas del pasado y de cómo estos se expresan. El ego es una cosa, el funcionamiento cerebral otra, y después añades el karma del pasado. Ahora bien, el karma es algo no muy conocido en el mundo occidental, pero cuando lo captas, ves que es una herramienta muy útil.

La oración intensa aumenta la dedicación y la inspiración, y facilita el progreso. Ofrecemos servicio amoroso a todos los que nos rodean, intensa dedicación, oración, y apelamos a Dios: "Querido Dios, por favor, ayúdame en esta labor". Puedes invocar todo el buen karma en el que puedas pensar, todas las personas con las que has sido amable, todo el dinero que has puesto en la bandeja de la iglesia, todas las señoras mayores a las que has ayudado a cruzar la calle, todos los perritos hambrientos a los que diste algo de comer.

La gracia de Dios está disponible para todos. Este principio es el más esperanzador de todos. Cuando pides ayuda a Dios, la gracia de Dios está disponible para todos. Históricamente, la gracia del sabio está disponible para el buscador espiritual comprometido. La conciencia de un maestro espiritual, especialmente de un sabio, irradia hacia el mundo. La gracia del sabio se transmite mediante la presencia física de la conciencia del maestro. Ojalá que se transmitiera a través de la página escrita, pero las leyes de la conciencia son que el poder del maestro se transmite a la conciencia del alumno. Y, por lo tanto, desgraciadamente, uno tiene que estar en presencia física del maestro en algún punto de su evolución espiritual. Por fortuna, hay suficiente poder en los maestros que están disponibles, porque se acumula con el tiempo. Así, el poder espiritual de los grandes maestros que han vivido, aunque ya no estén en un cuerpo físico, todavía está disponible, porque es transmitido de un sabio a la conciencia del siguiente. Pero hay un valor definido en estar en la presencia física de la conciencia del maestro.

La fuerza del ego puede ser formidable. Sin la ayuda del poder de un ser espiritual superior, el ego no puede ser transcendido, y uno de los beneficios indirectos que se consiguen de estar en la presencia física del campo de conciencia de un maestro iluminado es que disminuye el agarre del ego e incrementa tu capacidad de transcenderlo. Esto se debe a tu propia intención. Esto no le pasará a una persona que no desee que le pase. Dirá: "Me niego a escuchar a esta persona. No voy a prestar atención, no dice más que sandeces". Entonces, eso es lo que serán para ti. Y las cosas seguirán igual. Por lo tanto, el escepticismo y la duda no hacen un gran servicio. La fuerza del ego puede ser formidable. Y sin la ayuda del poder de seres espirituales superiores, el ego no puede ser transcendido.

Por fortuna, el poder de la conciencia de cada gran maestro o avatar que haya vivido alguna vez todavía persiste y está disponible. Enfocarse en meditación en un maestro o en sus enseñanzas hace que el poder de ese maestro esté disponible para el buscador. De modo que, a lo largo de los siglos, el poder de la conciencia de los grandes seres está presente ahora y calibra como verdad. Ahora está disponible para todos los estudiantes y es su derecho kármico.

Es tu derecho, en virtud de tu declaración, beneficiarte de la conciencia de todos los grandes maestros que hayan vivido alguna vez.

Sobre el autor

David R. Hawkins, médico y doctor en filosofía, (1927-2012) fue director del Instituto para la Investigación Espiritual y fundador del Camino de la No Dualidad Devocional. Fue un renombrado investigador pionero en el campo de la conciencia, así como autor, conferenciante, médico y científico. Sirvió como consejero en monasterios católicos, protestantes y budistas; participó en diversos programas de radio y televisión y dio conferencias en lugares de gran prestigio como la Abadía de Westminster, el Foro de Oxford, la Universidad de Notre Dame y la Universidad de Harvard. Su vida estuvo dedicada a elevar a la humanidad, hasta su fallecimiento en 2012.

Para más información sobre su trabajo, visita veritas-pub.com.